GERMA
HEL VE TIA
LOM BAR DIA
Italia Gallica PARS
SAVOYE
DAUPHI NE
PROVE NCE
PIEDMONT
L AN G U E D O C
GIVAUDAN
AUVEGNE
BOURGUN DIA
Champaigne
NORMAN DIE
POICTOU
XAN TOIN GE
Angoumois
PERI GORT
QUERCY
ALBRET
ARMIGNAC
Comingeois
Gallia
Segalauni
Pictones
Paris
Orleans
Tours
Lion
Grenoble
Avignon
Marseille
Thoulouze
Bordeaux
Barcelona
Tarragona
ARA GO NIA
CA TALO NIA
Alpes Montes
MARIS MEDITER RANEI PARS

Hell Die große Wallfahrt des Mittelalters

Vera und Hellmut Hell

Die große Wallfahrt des Mittelalters

Kunst an den romanischen Pilgerstraßen durch Frankreich und Spanien nach Santiago de Compostela

Mit einer Einführung von Hermann J. Hüffer

Verlag Ernst Wasmuth Tübingen

Inhaltsverzeichnis

Abbildung auf Seite 1: Pilgerabzeichen. Jacobus als Matamoros (Maurentöter). 17. Jh., Silber, 7 x 6 cm. Im Privatbesitz Hell.

Sämtliche Aufnahmen H. Hell, Reutlingen, mit Ausnahme der Seiten 28 und 29: Ann Bredol-Lepper, Aachen

Dritte überarbeitete und ergänzte Auflage 1979
Klischees: E. Sautter Reutlingen
Druck der Bilder: Paul Christian KG. Horb am Neckar
Druck des Textes: Omnitypie-Gesellschaft Stuttgart
Einband Heinr. Koch, Tübingen
Printed in Germany

ISBN 3 8030 4001 9

León, San Isidoro – Christus in der Mandorla (vgl. dazu die Erläuterungen zu den Bildern 140, 141)

Prof. Dr. Hermann J. Hüffer †

Von Jacobus-Kult und Pilgerfahrt im Abendland

Die *Wallfahrt*, der fromme Besuch entfernter heiliger Stätten, ist seit dem *Altertum* bis heute ein eifrig geübter Brauch aller Kulturreligionen der Welt. Wir kennen ihn zum Beispiel bei den alten Ägyptern in der heute durch den neuen Assuan-Damm vielleicht wieder dauernd zugänglichen „Perle Ägyptens", dem Haupttempel von Philä im Nil, den die Pharaonen um 370 v. Chr. als religiösen Mittelpunkt der Isisverehrung, des Kultes der „Großen Gottesmutter", erbauten und zu dem Pilger und Reisende aller Art, selbst Könige und Fürsten kamen. Wir kennen den gewaltigen Umfang der Pilgerfahrten der alten Griechen zum berühmten Artemisheiligtum in Ephesus, wir wissen, daß den Juden der jährliche Tempelbesuch in Jerusalem vorgeschrieben war und den Mohammedanern bis heute einmal in ihrem Leben die Wallfahrt nach Mekka. Ungeheure Pilgermassen strömen noch in unserem Jahrhundert zu indischen und ostasiatischen Wallfahrtsorten.

Auch die *christliche Religion* hat schon frühzeitig den Besuch heiliger Stätten aufgenommen und ihn – u. a. stark gefördert durch die Kreuzzüge – schnell auf wichtige Punkte in allen christlich gewordenen Ländern ausgedehnt, zunächst in Palästina und dem Sinai, dann natürlich in Rom. In Frankreich zeugen zahlreiche Orte – wie die Bilder und die Karten hier aufweisen – von dem frommen Sinne des Volkes; in England wie im Römisch-Deutschen Reich, in Italien wie in Polen, in Spanien und Portugal finden wir zu allen Zeiten, wenn auch in wechselndem Umfang und aus wechselnden Ursachen, Stätten religiöser Erbauung und Wallfahrt. Nennen wir aus ihrer Fülle neben Rom nur heute noch so bekannte und seit alters bestehende oder ganz neu aufgetretene Pilgerziele wie Lourdes, Altötting, Einsiedeln, Mariazell, Loreto, Tschenstochau, Fatima, Compostela, den Montserrat, den Karmel. In Deutschland gab und gibt es an die 350 Wallfahrtsorte; in Bayern, dem von Aventin schon im 16. Jahrhundert gerühmten Land der „Kirchfarten", allein deren über 160!

Unter ihnen allen aber ragen durch die ganze Geschichte des Abendlandes als besonders bedeutend 3 hervor: Jerusalem, Rom und Santiago de Compostela, das „westliche Jerusalem".

Eigenartig und von größtem Wert für die Bildung des abendländischen Gemeinschaftsgefühls geworden ist die Entdeckung des vermutlichen *Grabes des Apostels Jacobus major* im spanischen Galicien und die ihm von der ganzen Christenheit überraschend schnell und in erstaunlich großem Umfang dargebrachte Verehrung. Sie hat nicht nur das historische Bild Galiciens, ja Spaniens, sondern weit darüber hinaus das einer Einheit der christlichen Länder Europas gestalten helfen. Das Apostelgrab, dies der ganzen Welt gehörende Heiligtum und seine Verehrung waren es, die nicht nur die abendländische Kultur, die schönen Künste, vor allem die Architektur, in unvergleichlicher Weise zum Erblühen brachten. Vielmehr umfaßte der Weg nach Santiago mit seinen gewaltigen Pilgerscharen aus aller Herren Ländern die eigentliche „mittelalterliche Christenheit". Er schuf wesentlich das mit, was wir heute Abendland nennen; somit stellt Santiago de Compostela einen der entscheidenden Faktoren für die *Einheit des Abendlandes* dar. Nicht nur verband ein einheitlicher Glaube die Menschen der verschiedensten Länder und Rassen, die sonst oft genug in schwerem Hader miteinander rangen, die sich aber doch nicht von ihrer Basis als „Brüder im Glauben" lösen wollten. Die Pilgerfahrt nach Santiago zum Grab des Patrons von Spanien, bewährten Helfers im Kampf gegen den Islam und Vaters aller Pilger haben das Bewußtsein von der Zugehörigkeit zu einer einheitlichen geistigen und kulturellen Welt gefördert. Ja, die Tatsache der schwierigen und so oft gefährlichen Pilgerfahrt formte neben der Ideen- und Glaubensgemeinschaft den gesamten Lebensbegriff als „eine Vorstellung von einer gemeinsamen Lebenspilgerfahrt durch diese unsere Welt im Hinblick auf ein religiöses jenseitiges Ziel".

Santiago de Compostela wurde dabei die europäischste Stadt Spaniens im Sinne der alten christlichen Idee von Europa, die allerdings diametral entgegengesetzt ist dem modernen rationalistischen, aus dem Zerbrechen der alten geistigen Einheit Europas entstandenen Bilde. Sehr zu Recht weist Legaz darauf hin, daß man heute mit Eifer, aber vergeblich nach einem geistigen Ersatz als Grundlage für die Wiedererlangung der alten, verlorenen Einheit des Abendlandes suche.

Gerade die transzendente Bedeutung des Santiago-Kultes für die Geschichte des christlichen Europas möge daher im folgenden – unterstützt von den nachstehenden eindrucksvollen Bildern – mit herausgestellt werden. Dabei ergeben sich als erste die *Fragen* nach dem Problem der *Jacobuslegende* und des *Apostelgrabes* in Compostela, der Entwicklung und *Bedeutung seines Kultes* für die *spanische* Geschichte und seine gewaltigen Auswirkungen auf *die weite Umwelt*, nicht zuletzt auf das Gebiet des alten *Römisch-Deutschen Reiches*, ferner die Frage nach der *Pilgerschaft* an sich, ihrer *Pilgerstraßen* und weit verästelten *Organisationen* und ihrem *Wert für Kunst und Kultur* in der Bildung dieser wahren Sakrallandschaften.

I Jacobuslegende und Apostelgrab

Die Frage nach der *persönlichen Anwesenheit* des *Apostels Jacobus* major, des ersten Märtyrers unter den Aposteln, *in Spanien* selber und seiner *Missionierung* auf der Iberischen Halbinsel wurde vom Mittelalter bis ins 19. Jh. als eine der festesten, ja heiligsten Traditionen im ganzen christlichen Europa angesehen; auf sie weisen noch bei zahlreichen Jacobusbildern und -plastiken das Attribut des Buches hin, und noch die gelehrten Bollandisten verteidigten sie. Heute muß man aber anhand aller alten Urkunden, die bis ins 10. Jh. nichts von einer Missionsreise des Apostels nach Spanien wissen – so in dem von mir schon früher näher behandelten Briefwechsel um 906 (u. a. über die Entdeckung der Gebeine des Apostels) zwischen Klerus und Volk von Tours und dem König Alfons III. von León –, diese Anwesenheit des Apostels zu Lebzeiten in Spanien verneinen. Auch die spanische Kirche weiß noch bis ins 7. und 8. Jh. kaum etwas von seiner Verehrung; in der Epoche der berühmten Konzilien von Toledo hat sie sich nur wenig mit ihr befaßt, und auch in der älteren mozarabischen Liturgie finden sich keine Spuren einer eigentlichen Verehrung des Apostels. – Der ausgezeichnete Kenner des spanischen Santiago-Kultes L. Vázquez de Parga hat mich darauf hingewiesen, daß der noch im Mittelalter vielfach mit dem Apostel Jacobus minor gleichgesetzte Landespatron Spaniens wohl erst durch jenen asturischen Mönch Beatus von Liébana, den wir aus seinem Briefwechsel mit Alkuin am Hofe Karls d. Gr. kennen, in persönliche Missionsbeziehung zu Spanien gebracht wurde. Dieser hat dann auch in seinem Kampf gegen die Irrlehre des Adoptianismus, der auf den Synoden von Regensburg, Frankfurt und Aachen um die Wende des 8./9. Jhs. erfolgreich beseitigt werden konnte, offensichtlich den asturischen Hof für die Wichtigkeit der Verehrung des Apostelgrabes gewonnen.

Dagegen ist die weitere Frage der *Verbringung seiner Gebeine nach Spanien*, wo sie zwischen 824 und 829 bei Iria Flavia

(Compostela) aufgefunden wurden, eher zu bejahen. P. Gams in seiner spanischen Kirchengeschichte vermutet, daß der Leib des hl. Jacobus, der von Kaiser Justinian dem Kloster Raithu (Sinai) geschenkt war, von dort vor den Mohammedanern nach Spanien gerettet und nach Vernichtung des Westgotenreiches durch den Islam in den äußersten Nordwesten des Landes geflüchtet sei. Wie dem auch sei, wir wissen heute aus einer vor kurzem entdeckten Inschrift, daß eine der hl. Maria geweihte Kirche zu Mérida in der 1. Hälfte des 7. Jhs. tatsächlich die Reliquien eines wenn auch nicht näher bezeichneten Jacobus bewahrte. Der gelehrte Benediktinerprior J. Pérez de Urbel nimmt neuerdings an, daß diese bei dem Maureneinfall nach Galicien geflüchtet und in der Marienkirche bei Iria Flavia beigesetzt worden seien.

Bereits Ende des 8. Jhs. bezeichnet eine dem genannten Beatus zugeschriebener mozarabischer Hymnus den Apostel als Verweser Spaniens und damit wohl zum erstenmal als *spanischen Landespatron*. Man muß sich fragen, ob zwischen dem schnell wachsenden Glauben an die persönliche Missionstätigkeit des hl. Jacobus in Spanien und der Entdekkung seines vermuteten Grabes in Iria ein ursächlicher Zusammenhang besteht. Er böte jedenfalls eine Erklärung für die im ersten Drittel des 9. Jhs. während der Regierung König Alfons' II. von Asturien-León (791–842) unter wunderbaren Lichterscheinungen erfolgte Auffindung des Apostelgrabes in Compostela. Neuere Ausgrabungen haben dort das Vorhandensein eines „verhältnismäßig reich ausgestatteten römischen *Grabmals* mit Mosaikboden und reichen Stuckdekorationen an den Wänden" bestätigt. Dieses Grabmal nun wurde der hochverehrte Mittelpunkt aller christlichen Kultbauten, die sich nacheinander seit Alfons II. und seinen Nachfolgern bis zur heute noch bestehenden prächtigen Kathedrale über ihm erhoben, und von dem eine der größten Wirkungen abendländischen Gemeinschaftsgefühls ausgehen sollte. Der Bau selbst – eines der hervorragendsten Denkmäler der abendländischen Christenheit – bildet den Ausgang einer Entwicklungsreihe, die langsam in Gotik-Nähe führt; 1075 begonnen, geht er ganz auf die differenzierte Bauweise der Auvergne zurück. Mit ihren hohen Arkaden-Emporen und Tonnengewölben auf Gurten und Deckendiensten, mit ihrem Umgang und Chorkapellen besitzt *die Kathedrale* nach K. H. Clasen die nächsten Verwandten in den Kirchen von Issoire, Nevers, Clermont, Conques und Toulouse, also Kirchen an den Jacobus-Pilgerstraßen durch Frankreich! Durch sie drang schon früh der Keim plastisch aufwühlender Wandauflockerung in Spanien ein. Und zu den ersten überhaupt datierbaren Kreuzrippengewölben gehören die im berühmten Pórtico de la Gloria in Santiago de Compostela.

Der hl. Gerson als Pilger. Holzschnitt aus dem Dürer-Umkreis. Der hl. Gerson war 1363 bis 1429 Kanzler der Universität in Paris.

Bereits um die Mitte des 9. Jhs. wurde in einem zur Diözese Metz gehörenden Kloster zum Jacobustag, dem 25. Juli, im Martyrologium von Florus de Lyon eine Notiz eingetragen, der zufolge die Gebeine des Apostels seinerzeit nach Spanien überführt und am Atlantischen Ozean zur Ruhe gebettet und dort der Gegenstand großer Verehrung der Bevölkerung seien. Es erscheint durchaus möglich, daß dieser Vermerk auf den erwähnten Briefwechsel zwischen Alfons III. und Tours von Einfluß war, jedenfalls aber ging er noch vor 860 in das Martyrologium Adons und von diesem in die späteren von Usuardus und Notker von St. Gallen über. Diese in der ganzen abendländischen Christenheit verbreiteten Texte dürfen wohl als die Grundlage und Anregung für das Aufblühen der so bedeutungsvollen Wallfahrten nach Santiago de Compostela angesehen werden!

Der Vollständigkeit halber sei zum Jacobus-Kult hier noch eine abstrus erscheinende Idee angeführt, die, soweit ich sehe, zuerst 1920 in dem Compostela-Buch der nordamerikanischen Kunsthistorikerin G. G. King auftaucht und in letzter Zeit von dem emigrierten spanischen Politiker und Gelehrten Américo Castro mehrfach vertreten wird, nämlich, daß sich in der Verehrung der „*beiden Brüder Christus und Jacobus*“ – hier schon die allerdings durch das ganze Mittelalter hindurchgehende Verwechslung und Vermischung von Jacobus major und minor – nichts anderes als der altgriechische Kult der *Dioskuren* Castor und Pollux wiederhole! Wenn die Künstler bis ins 15. Jahrhundert auch Jacobus oft mit den Zügen Christi darstellen, darf man deshalb doch nicht mit Castro auf eine Art „Mitgöttlichkeit“ des Apostels Jacobus schließen. Auf jeden Fall ist die Geschichte des Jacobus-Kultes so fesselnd und eigenartig, daß man es gewiß nicht nötig hat, auf willkürliche Deutungen zurückzugreifen!

Ich gehe daher hier nicht näher auf die neuerdings zum Teil sehr scharf geführte Diskussion über den angeblich rein militärisch orientierten Kult des hl. Jacobus als „miles Christi“ statt der zunächst jedenfalls rein religiösen Verehrung des Apostels ein, die letzten Endes sich in die Antithese zuspitzt: *Ist Spanien das Werk des hl. Jacobus und seines Kultes, oder letzterer das Spaniens!* Wortführer sind die beiden spanischen Gelehrten: der oben genannte A. Castro (Princeton) und der hervorragende Kenner der asturischen Geschichte Cl. Sánchez Albornoz (Buenos Aires), die in ihren neueren Werken: „La realidad histórica de España“ (Castro) und „España, un enígma histórico“ (Albornoz) als Antipoden der neuesten spanischen Geschichtsschreibung der Bedeutung des Santiago-Problems für die spanische Geschichte weiten Raum geben.

II Hegemoniestellung des Apostelgrabes in Spanien

In meinen Jacobusarbeiten habe ich schon eingehender die in hohem Maße kirchenpolitisch wie politisch und kulturell betonte spanische *Entwicklung des Kultes des hl. Jacobus* im Kampf um die Reconquista, den jahrhundertelang erbittert geführten Kampf der neugotischen Könige von Asturien-León-Kastilien und der von Aragon um die Rückeroberung ganz Spaniens und Vertreibung des Islams von der Iberischen Halbinsel behandelt. Der hl. Jacobus wuchs unter bewußter Förderung der alten, zunächst ganz nationalkirchlich gefärbten Kirche von León und der leonesisch-kastilischen Könige allmählich immer deutlicher in den Rang eines *Schutzpatrons von Spanien*, als den des in die schweren Kämpfe gegen die Mauren mehrfach persönlich hoch zu Roß mit Banner und Schwert eingreifenden „Maurentöters“ (matamoros), ja als „Herr ganz Spaniens“ hinein. Die Erinnerung an diese vom Apostel angeblich persönlich zum Siege geführten Schlachten (wie die von Clavijo 843 oder 844) hat die Jahrhunderte überdauert und zum Beispiel noch 1753 Zimmermann zu seinen herrlichen 5 Jacobus-Fresken in der im Luftkrieg leider völlig vernichteten Jakobskirche am Anger in München mit der Darstellung der fälschlich als Konstantinsschlacht angesehenen Schlacht von Clavijo begeistert.

In enger *Zusammenarbeit zwischen Kirche und Königtum* sehen wir im Mittelalter in den leonesisch-kastilischen Königsurkunden immer wieder Jacobus als den Patron und Herrn Spaniens bezeichnet, der nächst Gott des Königs stärkste Stütze sei. Die leonesischen Könige tun darüber hinaus im wohlverstandenen Interesse ihrer eigenen Vormachtstellung in Spanien alles, um ihrerseits den Ruhm und die Größe des Apostelsitzes zu betonen. Bezeichnend dafür ist zum Beispiel eine Urkunde König Ordoños III. von 954, in der er den außerordentlich symptomatischen und für einen weltlichen Herrscher doch ungewöhnlichen päpstlichen Titel „*Knecht der Knechte des Herren*" (Servorum Domini Servus) führt und Bischof Sisnand von Compostela als „den Bischof dieses unseres Patrons und Vorsteher der ganzen Welt" anredet. Und als unter dem gewaltigen Ansturm des mächtigen Maurenführers Almansor gegen Ende des 10. Jahrhunderts das Ende der spanischen Christenstaaten gekommen zu sein scheint, ist wiederum Jacobus die letzte Hoffnung König Bermudos III. (982–999), der ihn 991 „die Stärke seines Reiches" nennt. Nach Barcelona, León und anderen christlichen Hauptstädten Spaniens fällt 997 selbst Compostela, das Heiligtum der spanischen Christenheit, in die Hände der Mauren, die auf dem Rükken der Christensklaven die silbernen Glocken des Apostelgrabes nach Córdoba schleppen lassen und im Triumph in der großen Moschee aufhängen. Bemerkenswert ist dabei, daß das eigentliche Apostelgrab von ihnen unversehrt gelassen wurde.

Nicht weniger bezeichnend ist die Rückwirkung der *Plünderung der Ruhestätte des spanischen Landespatrons* auf die Zeitgenossen und späteren Generationen. Man konnte sich eine ungestrafte Profanierung des Heiligsten, was das christliche Spanien besaß, des Grabes „des sicheren und besonderen Patrons der Spanier", dessen Bannerträger sich die Könige von León-Kastilien noch später voll Stolz nennen, einfach nicht vorstellen. Und so wissen die Chronisten (wie der von Tuy) in Anknüpfung an eine anscheinend nicht sehr bedeutende Niederlage, die Almansor kurz vor seinem Tode 1002 bei Calatañazorar erlitt, von einer sofortigen Bestrafung der Ungläubigen zu melden. Sampiro z. B. berichtet am Schluß seiner Chronik, daß das mohammedanische Heer vor dem Grabe des Apostels vor Schreck umgekehrt sei, und daß Gott es zur Strafe durch eine Seuche völlig vernichtet habe. Und immer mehr wird es im jahrhundertelangen Kampf der Reconquista Brauch der christlichen Streiter (wie es schon das Gedicht vom Cid festhält), St. Jacobus in der Schlacht um Hilfe anzurufen (ebenso wie die Mauren Mohammeds Unterstützung erflehten).

Ein Brauch übrigens, der noch bei der *Eroberung der Neuen Welt* im Schlachtruf „Santiago" der Conquistadoren und der Gründung zahlreicher Städte und Provinzen dieses Namens und vieler Santiago-Kirchen auf dem amerikanischen Kontinent seinen starken Nachhall fand!

Vom Grabe des Apostels aus machen die unter Vorsitz des Königs versammelten Bischöfe des Landes so eigenartige *Hegemonieansprüche* geltend wie auf dem Konzil von Compostela 959, als sie den Abt Cäsarius vom Cäcilienkloster auf dem Montserrat zum Erzbischof der alten, seit zweieinhalb Jahrhunderten untergegangenen, zudem in ihren christlich gebliebenen Teilen dem Metropoliten des gallischen Narbonne unterstehenden westgotischen Kirchenprovinz Tarragona wählen und salben.

Hier wird also, gedeckt durch die Autorität des Apostelgrabes, ein bewußtes Ausgreifen auf ein von León weit entfernt liegendes anderes christliches Reich Spaniens deutlich. Und wenn auch zunächst dieser Eingriff an der Haltung der betroffenen katalanischen Bischöfe und des Metropoliten von Narbonne scheiterte, konnte doch Cäsarius, gestützt auf den Ruf Santiagos und wohl auch die Zustim-

Enthauptung des Jacobus. Detail aus einem Stich des 17. Jhs.

mung des päpstlichen Stuhles zu Rom, sich bis an sein Lebensende unangefochten als Erzbischof auf dem Montserrat behaupten.

Und gleichsam in Betonung dieser kirchlichen Führerstellung des Apostels nennt sich Rudesindus 974 besonders feierlich *Bischof des Apostolischen Stuhles* („Episcopus sedis apostolicae"), eine sonst doch nur von Rom her gewohnte außergewöhnliche Bezeichnung, die dann später auch von anderen Bischöfen Compostelas aufgenommen wird. Erst verhältnismäßig spät, 1049, erfolgte die päpstliche Reaktion gegen diese Prätention, als Leo IX. auf der Synode von Reims den Bischof von Compostela wegen Führung des apostolischen Titels exkommuniziert, ohne jedoch mit diesem scharfen Mittel der Kirchendisziplin Erfolg zu haben, da auch weiterhin, so 1088, der von Rom verbotene Titel erscheint. – Schließlich erreicht es der junge, zunächst schwer um sein Reich kämpfende König und spätere spanische Kaiser Alfons VII. aus der neuen burgundischen Dynastie 1120 bei seinem burgundischen Onkel Papst Calixt II., daß der Bischof von Compostela Diego Gelmírez – in den Thronwirren des Königs feste Stütze – zum *Metropoliten* der alten westgotischen Kirchenprovinz Mérida mit Sitz in Compostela und *Legaten Roms* über die soeben wieder hergestellten alten Kirchenprovinzen Braga und Mérida ernannt wurde. Endlich wurde er 1124 auch zum ersten *Erzbischof von Compostela* berufen.

Damit war für den Patron Spaniens und sein Grab auch äußerlich der würdige Rahmen geschaffen! – Darüber hinaus verlieh Calixt II. – und nach ihm Alexander III. – unter Hervorhebung der riesigen Pilgerscharen dem Erzbischof das Recht, in Compostela in den Jahren, in denen der Jacobustag (25. Juli) auf einen Sonntag fällt, feierlich das Hl. Jahr zu begehen, wie es 1948 und 1954 zum letzten Male der Fall war. Diese päpstlichen Bullen dienten 1300 Papst Bonifaz VIII. als Anregung zur Ausrufung des Hl. Jahres für Rom!

Noch bedeutender wurde *die politische Rolle* des *Apostelgrabes*, als 1127 der neue Erzbischof von Compostela in Verfolg der *Kaiserpläne Alfons' VII.* „auf ewige Zeiten" die oberste Leitung der königlichen bzw. seit 1135 kaiserlichen Kanzlei erhielt. Wie im Römisch-Deutschen Reich die Erzbischöfe von Mainz wirkten also hier in León-Kastilien die von Compostela als *Erzkanzler des Reiches.* – Bezeichnend ist dabei die Begründung Alfons' VII. für diese wichtige Vergabung, die auch von späteren leonesischen Herrschern, wie 1158 von Ferdinand II., der sich ausdrücklich „des heiligen Jacobus Bannerträger" nennt, bestätigt und beachtet wurde. In der Bestätigung von 1140 weist Alfons VII. betont darauf hin, daß er in Santiago getauft, erzogen, zum Ritter geschlagen und zum König geweiht worden sei und mit Hilfe des hl. Jacobus, bei dessen Grabmal er mit seiner Gemahlin auch begraben werden wolle, sein Reich habe vergrößern können. – Die Stellung des hl. *Jacobus als Landespatron* hatte sich jetzt in ähnlicher Weise für das christliche Spanien – die übrigen christlichen Könige anerkannten diese Stellung und wallfahrteten wiederholt feierlich zum Grabe des Apostels – durchgesetzt, wie dies für den hl. Mauritius in Deutschland und im gleichen Jahrhundert für den hl. Dionysius in Frankreich galt! – Und noch Jahrhunderte später sehen wir bei den spanischen Königen – z. B. den Katholischen Königen Isabella und Ferdinand, bei Kaiser Karl V., Philipp II., Philipp IV. oder der Gemahlin des glücklosen letzten spanischen Habsburgers Karl II., Maria Anna von Pfalz-Neuburg (1690) – die Verehrung des hl. Jacobus als Landespatron Spaniens immer wieder zu beredtem Ausdruck kommen.

Wenden wir uns nun dem großen Komplex der *Pilgerfahrten* und ihren weitgedehnten *Straßen* durch Europa zum Apostelgrab zu, die in ihrer Bedeutung für die gemeinsamen religiösen Aspekte, aber auch für das Aufblühen von Handel und Gewerbe, Kunst und Wissenschaft und überhaupt für das Zusammenwachsen des Abendlandes gar nicht hoch genug gewertet werden können! Compostela wurde nicht nur ein hochbedeutender Mittelpunkt christlicher Kultur, sondern geradezu der Gegenpol zu Córdoba, der alten Residenz der Kalifen, die sich ihrerseits bemühten, dieses „Schmuckstück der Welt", wie Roswitha von Gandersheim im 10. Jh. die Kalifenstadt nannte, zum westlichen Mekka des Islams zu machen. – Dabei hatte wie so oft der Kult auch des hl. Jacobus wenig mit seinem tatsächlichen persönlichen Wirken zu tun; seine Verehrung knüpft vielmehr stark an das von den Legenden gezeichnete *posthume Leben* des Heiligen als *Missionars von Spanien, Maurentöters* und *Pilgervaters* an.

Bei der politischen und kirchenpolitischen Bedeutung Compostelas versteht man, daß die durch die alten Martyrologien seit dem 9. Jh. in weiteren Kreisen bekannt gewordene Grabstätte des Apostels sich schon frühzeitig großer Verehrung auch außerhalb Spaniens erfreute. Santiagos Ruf drang über die Pyrenäen erstaunlich schnell durch Frankreich und Deutschland nach England, Polen und in die weit entfernten Skandinavischen Länder, deren Sagas das spanische Galicien kurzweg als „Jakobsland" bezeichnen. Selbst die erbittersten Gegner des gewaltigen „Maurentöters" verzeichnen voll Erstaunen seine große Anziehungskraft, wie jener Botschafter des gefürchteten Almoraviden-Emirs Ali ben Jusuf im 12. Jh., der seinem Herrn berichtete: „Die Menge der christlichen Pilger, die nach Compostela gehen und wieder zurückkommen, ist so groß, daß sie kaum den Weg nach Westen offenlassen." Und bei der Berichterstattung über die Verwüstung Compostelas wußte der maurische Geschichtsschreiber Almacari bereits zu erwähnen, daß sich zum Apostelgrab Gläubige aus den entlegensten Gegenden, d. h. bis zum Koptischen Meer, Nubien und anderen Ländern begeben hätten.

III Die Pilgerfahrten nach Compostela

Die *Wallfahrt nach Santiago de Compostela* wurde schon frühzeitig der nach Jerusalem und Rom gleichgestellt, lange bevor Papst Sixtus IV. (1471–84) sie als diesen beiden großen Wallfahrtsorten gleichwertig anerkannte. Die großen Geister des Abendlandes befaßten sich immer wieder bewundernd mit Santiago und seinem Kult. „Das Grab des Apostels Jacobus ist das glorreichste unter allen Gräbern der Heiligen aller Nationen", meint der *hl. Bonaventura*, und *Dante* in seiner Vita Nuova versteht unter einem Pilger streng genommen nur denjenigen, der nach Santiago und seinem Hause wallfahrtet oder von dort zurückkehrt. Sebald Ilsung im 15. Jh. nennt Compostela *den* Ort der Christenheit in Europa, zu dem die größte Anzahl von Pilgern wallfahre.

Ehe wir auf Einzelheiten eingehen, zunächst noch einige *generelle Bemerkungen zur Wallfahrt nach Compostela*. Grundsätzlich kann man mit Weigel festhalten, daß bloße Reliquienübertragung eines Heiligen allein noch keinen volkstümlichen Kult schafft, daß dies vielmehr nur durch die persönlichen Beziehungen einer Wallfahrt geschehen kann; daher muß man der Wallfahrt zum Grabe eines Heiligen im Gegensatz zur Reliquienverehrung erhöhte Aufmerksamkeit schenken.

Dann muß man die erhebliche Rolle bei der Förderung der Jacobuswallfahrt durch das *Buße-System des Mittelalters* beachten. Im Bereich der Bußeübungen im weltlichen Recht wie bei Kirchenstrafen war die Auferlegung einer Sühnewallfahrt vielfach üblich; dabei wurde die nach Compostela neben der nach Rom und Jerusalem eine der bedeutendsten. Diese Fernwallfahrten bezweckten häufig neben der frommen Handlung als solcher, den Büßer vor allem bei Bluttaten lange Zeit von seiner gewohnten Umgebung fernzuhalten und ihn so zugleich den primitiven Rechtsgebräuchen der Blutrache zu entziehen.

Pilgerten zunächst naturgemäß neben den Spaniern die Bewohner des benachbarten Frankenreichs – schon 844 weiß Ibn Dihya von normannischen Pilgern zu berichten – und auch die Engländer, die ja im 12. und 13. und dann im 14. und 15. Jh. einen großen Teil des angrenzenden Südwestfrankreichs beherrschten, nach Compostela, so waren doch auch die Wallfahrer aus dem deutschen Raum frühzeitig vertreten. Schon 850 sollen Pilger aus Friesland nach Compostela gezogen sein. Bereits seit Mitte des 10. Jhs. scheint der Zustrom der Pilger, der dann seit dem 11. und 12. Jh. einen fast unvorstellbaren Umfang annahm, beachtlich gewesen zu sein. Als erster nicht spanischer Pilger berichtet der Bischof von Le Puy in Frankreich von seiner Reise ins Jakobsland. 1063 wohnte er der feierlichen Überführung der von König Ferdinand von León-Kastilien als Kriegstribut (!) dem Maurenkönig von Sevilla abgewonnenen Gebeine des großen westgotischen Kirchenvaters Isidor von Sevilla zum Königshof in León bei. Das Papst Calixt II. zugeschriebene, hier in einigen Bildern gezeigte Liber Sancti Jacobi führt in einer seiner Hymnen „Armenier, Griechen, Apulier, Gallier, Dazier und Friesen, alle Völker, Zungen, Stämme“ auf, die mit ihren Gaben nach Compostela pilgern. Vor allem aber waren es doch die Völker des westlichen Abendlandes, aus Frankreich, England, Deutschland, Polen und Italien, die den größten Anteil hatten. Man darf dabei annehmen, daß um 1500 die Deutschen den Hauptteil der Pilger gestellt haben.

Soziologisch wird man dabei *zwei Klassen* von ganz verschiedener Herkunft feststellen müssen, die sich – vielleicht gemäß den beiden Jacobuspatronaten für Ritter und Pilger – in Wallfahrer aus den höheren Ständen: *Fürsten* und *Adel*, später dem städtischen Patriziat und gehobenen Bürgertum einerseits, sowie der Menge der *bescheidenen Pilger* aus den niederen Ständen andererseits teilen. Den Wechsel der Zeiten von den ritterlichen Jahrhunderten der Salier und Staufer zu dem des städtischen Bürgertums wird man dabei beachten müssen, wie man denn überhaupt die Grenze zwischen den Kategorien nicht starr umreißen kann.

Was die Pilger selber betrifft, wird man im allgemeinen feststellen können, daß im Mittelalter – ganz abgesehen von der spanischen Bevölkerung – aus allen europäischen Ländern *führende geistliche und weltliche Große* zum Apostelgrabe wallfahrteten. Nennen wir zum Beispiel unter den *Heiligen* der Kirche nur Evermarus von Friesland im 9., Simeon, Theobald, Genadius im 10., Wilhelm von Vercelli im 11. Jh.; im 12. neben der heiligen Paulina die Deutsche Kaiserin, Tochter König Heinrichs III. von England und Witwe Kaiser Heinrichs V., Mathilde, die von Compostela Jacobusreliquien nach Deutschland mitbrachte. Dann die Heiligen Bona von Pisa, Albertus, Franz von Assisi im 13., den schwedischen Fürsten Wulf und seine Gattin Birgitta, die nach ihrer Rückkehr den Birgitten-Orden gründete und schon 1391 durch Papst Bonifaz IX. heiliggesprochen wurde, Elisabeth von Portugal im 14., und noch im 15. Jh. die Heiligen Bernardin von Siena und Vinzens Ferrer. – Daneben durch alle Jahrhunderte die große Anzahl geistlicher und weltlicher *Fürsten* und *Herren*, die zum Teil mit großem Gefolge nach Santiago pilgerten.

Für die *außerdeutschen Pilger* bringt das spanische Werk von Vázquez de Parga, Lacarra und Urria schon zahlreiche Hinweise; auch das schon genannte Buch von G. King und das von J. Secret enthalten über die Pilger aus *England* und seinen festländischen Besitzungen sowie Frankreich viele Einzelheiten. Interessant in diesem Zusammenhang die neuerlichen Funde englischer Silber- und Kupfermünzen aus dem 9., 10. und 11. Jh. in den Ruinen des alten Pilgerhospitals im historischen Pyrenäen-Paß von Roncesvalles (Roncevaux), die schon frühzeitig den englischen Pilgerzustrom nach Compostela und zugleich – wie der bekannte spanische Numismatiker Mateu y Llopis kürzlich feststellte – das Eindringen europäischer Silbermünzen in die christlichen spanischen Königreiche bezeugen zu einer Zeit, als letztere zum Teil noch selber ohne eigene Münzprägung waren. Schon frühzeitig finden wir also englische und normannische Pilger auf den Straßen nach Compostela, die z. T. zu Schiff bis Bordeaux, z. T. durch Frankreich zu Land („iter francigenum“) zogen wie z. B. im 11. Jh. Robert von Lincoln, der nach seiner Rückkehr zu Burnwell ein Priorat gründete, und 1151 der Bischof von Winchester. 1147 kam von Dartmouth ein Kreuzfahrergeschwader, und noch 1445 landeten in Bordeaux 1700 englische Pilger von Plymouth, um dann zu Fuß nach Compostela zu wandern.

Stärker noch scheint der Zustrom *französischer Pilger* gewesen zu sein, denen vor allem die Kluniazenser mit ihren zahlreichen Klosterherbergen im Süden Frankreichs und im Norden Spaniens den Weg ebneten und denen später auch die Franziskaner zur Seite traten. Die ersten französischen nachweislichen Pilgerfahrten beginnen wohl im 10. Jh. mit dem Bischof Godescalce von Puy; 961 stirbt Graf Raymond II. von Rouergue auf dem Weg nach Compostela. Im 11. Jh. ziehen der „Monarch von Aquitanien“ (nach Adhémar von Chabannes), Wilhelm d. Gr., Graf von Poitou und Herzog von Aquitanien, etwas später Herzog Guy Geoffroy, Neffe des berühmten Abtes Hugo von Cluny, zum Apostelgrab, dessen Bischof 1095 ein französischer Kluniazenser, Dalmace wird. 1137 stirbt zu Compostela Wilhelm X., Herzog von Aquitanien, 1192 weilt dort Bischof Wilhelm von Reims, 1154 zieht selbst König Ludwig VII. von Frankreich, Schwiegersohn Kaiser Alfons' VII. von Kastilien, in Compostela ein. – Er erscheint dort nach französcher Auffassung in der Nachfolge Karls d. Gr., und in den Chansons de geste, den Propaganda-Epen der französischen Könige, wird die „Pèlerinage de Charlemagne“, Karls angebliche Santiago-Wallfahrt, im Interesse des französischen Königtums verherrlicht. Wie die deutschen Kaiser diesen Ansprüchen begegneten, werden wir im folgenden Kapitel sehen! – Neben ihnen aber bevölkern gewaltige Scharen einfacherer französischer Pilger die Straßen zum Apostelgrab, so daß z. B. die Route von Estella nach Compostela geradezu die französische Straße (camino francés) hieß. 1326 befahl Herzog Karl von Burgund den Bürgern von Brügge und Courtray, 100 Pilgerfahrten nach Santiago auszurichten.

Man hat außerdem ausgerechnet, daß vom 11. bis 13. Jh. die französische Ritterschaft allein 34 Expeditionen über die Pyrenäen hinüber gegen die Mauren geführt hat, wobei sie des hl. Jacobus nicht vergaß.

Erst zur Zeit der Hugenottenkriege lassen diese bis dahin vielfach von der französischen Geistlichkeit organisierten Pilgerfahrten nach, um im 17. Jh. verstärkt wieder unter dem Einfluß der weltlichen Jakobsbrüderschaften aufzuleben, bis durch die Französische Revolution eine erneute Zäsur eintritt.

Aus Skandinavien kennen wir außer der hl. Birgitta u. a. Prinzessin Ingrid, die 1210 zu Fuß nach Compostela wanderte.

Der erste bedeutende *deutsche Pilger*, von dem wir in Compostela hören, war wohl Erzbischof Siegfried I. von Mainz, der sich 1072 auf dieser Wallfahrt in Cluny aufhielt; im

Jacobuspilger. Detail aus einem Stich von H. Cock nach Breughel.

gleichen Jahr treffen wir Gräfin Richardis von Sponheim auf dem Wege nach Spanien.

Ungefähr zur selben Zeit weilten der Stifter des Allerheiligenklosters in Schaffhausen, Graf Eberhard V. von Nellenburg († ca. 1080), mit seiner Gemahlin Ita in Santiago. Bald darauf trifft Graf Balduin VII. von Flandern mit einem kleinen Hofstaat in Compostela ein. Und die deutschen Kreuzritter, die 1147 Köln verließen, um im Rahmen des zweiten Kreuzzuges mit der Eroberung Lissabons dessen einzigen praktischen Erfolg zu erreichen, kamen über Santiago. 1162 reitet Graf Eberhard von Altena dort ein. Von den weiteren zahlreichen hervorragenden Pilgern aus dem Deutschen Reich im 12. Jh. seien nur noch genannt der Graf Friedrich von Pfirt, der nach seiner Rückkehr 1144 das Frauenkloster Feldbach gründete, dessen Kirche St. Jakob geweiht wurde; weiter 1153 der Reichsbischof von Cambray, 1164 besonders der berühmte Mainzer Erzbischof Konrad von Wittelsbach, 1175 der Bischof von Minden, Anno von Blankenburg, der eine Gebetsbrüderschaft mit der Kirche von Compostela bildete, die etwas später auch Abt Heinrich III. von Fulda und sein Prior Ruotard abschlossen. Zur gleichen Zeit erscheinen die Gräfin Sophie von Holland und Friedrich I. von Österreich am Apostelgrab. Und Herzog Heinrich der Löwe, der Gründer Münchens und Lübecks, pilgerte nach seiner Absetzung als Herzog von Sachsen und Bayern durch Friedrich Barbarossa vom Hofe seines englischen Schwiegervaters zu Rouen 1182 gleichfalls nach Santiago.

In den nächsten Jahrhunderten treten neben die Fürsten auch die *deutschen Ritter*, die sich außer vom Kampf um die endgültige Befreiung der Halbinsel vom Islam auch von dem Apostelgrab in Santiago de Compostela angezogen fühlten. Auf die stattliche Zahl deutscher Ritter und Edler in Spanien, die durch die Romzüge der deutschen Kaiser in Italien ja schon eine Tradition besaßen, weist neuerdings Vincke hin; fast alle von ihnen verbanden mit dem Waffenhandwerk auch einen Besuch von Compostela. Interessant dabei die Feststellung, daß man in den *aragonesischen* Ländern hauptsächlich Ritter als Santiagopilger kennen lernt, da die bürgerlichen Pilger sich an die großen, Aragon wenig berührenden Pilgerstraßen mit ihren vorteilhaften Pilgereinrichtungen hielten. So sehen wir unter vielen anderen z. B. 1387 die Edlen Gottschalk und Eberhard von Buchnau, die Junker Johannes von Ruckelugen (?), Heinrich von Schwarzburg und Busso von Mansfeld von Barcelona aus mit 70 Wagen gen Compostela ziehen, ebenso 1378 die Ritter Hugo von Duyna und Johannes von Stradeck mit 40 Pferden, Heinrich von Hutzelem (?) und Reinhard Gross mit den Knappen Dietrich Paradis und Sigfried Schwanring, die 1379 mit 14 Reitern am Apostelgrab eintrafen. Daneben Ritter aus Köln, Böhmen, Thüringen, den weiten Ostländern, die in ihren Spanienfahrten oft geradezu eine Familientradition wahrzunehmen schienen.

Als Graf Ulrich von Cilli (Kärnten) 1430 mit einem großen Gefolge von Rittern und Knappen nach Spanien zieht, erregte dies die besondere Aufmerksamkeit spanischer Chronisten. Immer mehr begegnen wir dann aber auch den Vertretern des wohlhabenden Bürgertums, *Patriziern* und *Kaufleuten*, vor allem aus den großen Reichs- und Hansestädten, unter der Zahl der Pilger. So macht z. B. 1317 Volmar von Baumgarten in Rostock vor seiner Compostela-Reise sein Testament. Der Nürnberger Patrizier Peter Rieter reitet 1428 nach Sankt Jakob und „verzehrt dritthalb hundert Dukaten". Er hinterläßt übrigens über diese Fahrt Reiseerinnerungen, ähnlich wie ein Anonymus aus Augsburg 1439, und stiftet in Santiago ein großes Gemälde (Kruzifix), das in dem Chor aufgehängt wird. Später hält sich auch sein Sohn Sebald mit seinem Schwager Axel von Lichtenstein einige Zeit in Santiago auf und läßt das von seinem Vater gestiftete Gemälde erneuern und „den lieben herrn Sant Jakob" nebst den Bildern seiner Eltern, seiner Frau und seinem eigenen hinzumalen und ihre Wappen darüber anbringen „als die erbarn Pilgram pflegten zu thun"! Dazwischen trifft 1436 auch ein weiterer Nürnberger Patrizier, Georg Pfinzing, in Compostela ein, und zwei Jahre danach reist wieder ein deutscher Fürst, Johann von Cleve, Sohn Adolfs von Cleve und Marias von Burgund, „myt allen sijnen guden mannen" nach Santiago, wobei er unterwegs König Alfons V. von Aragon besucht. Der schon erwähnte Sebald Ilsung aus der Reichsstadt Augsburg tritt 1446 in deutscher Begleitung und anscheinend im Auftrag des Herzogs von Savoyen eine diplomatische Reise durch Nordspanien nach Santiago an; kurz darauf begegnen wir wieder einem deutschen Ritter, Georg von Ehringer, der ebenfalls seine Reiseerinnerungen niedergelegt hat, in Spanien, wo er gegen die Mauren in Granada, dann in Ceuta erfolgreich kämpft und das Grab des hl. Jacobus besucht, ehe er 1457 verwundet die Rückreise nach Schwaben antritt. Von einem böhmischen Herrn Leo von Rožmital, Schwager des Böhmenkönigs, kennen wir dank seiner Erinnerungen genauer seine Pilger- und Ritterreise nach Spanien von 1465 bis 1467, wohin er mit einem großen Gefolge und 52 Pferden in Begleitung weiterer deutscher Herren zieht. Als er in Santiago eintrifft, herrscht dort Aufruhr; die Bürger halten den Erzbischof gefangen, die Kathedrale mit dem Domkapitel ist belagert, und in ihrem Innern stehen Pferde und Kühe. Trotzdem kann er in tiefer Andacht vor dem Grab des Heiligen beten, das

„so reich ist an Wundern und Schätzen, die aus aller Christenheit hierher gespendet sind". Gleichzeitig mit dem Ritter von Harff aus Köln erscheint 1498 schließlich auch Herzog Balthasar von Mecklenburg.

Unter den weiteren hervorragenden deutschen Pilgern möchte ich nur noch auf den berühmten Nürnberger Humanisten, Arzt, Geographen und Astronomen Hieronymus Münzer hinweisen, der aus Angst vor der Pest seine Vaterstadt 1494 verläßt und mit drei Söhnen reicher Kaufherren, darunter einem Herwart aus Augsburg, von Lissabon aus in Santiago am 13. Dezember 1494 einreitet und sogleich das Grab des hl. Jacobus besucht. Dabei verhält sich aber Münzer in seinen Reiseschilderungen recht skeptisch, ob sich dort wirklich das Grab des Apostels Jacobus befände, während er die Kathedrale gläubig als eine Gründung Karls des Großen hinnimmt. Seinen eingehenden Berichten, auch an Kaiser Maximilian, verdanken wir viele wertvolle Mitteilungen über deutsche Kaufleute und Künstler in Spanien. Zehn Jahre vor ihm hat Nicolaus von Popplau seine Eindrücke auf seiner Pilgerfahrt nach Sankt Jakob von Compostela ebenfalls schriftlich niedergelegt.

Außer vielen weiteren deutschen Patriziern und Kaufleuten, wie dem Lübecker Hermann Stegmann, Peter Rindfleisch aus Breslau, Lucas Rem, dem berühmten Faktor des Handelshauses der Welser, Andreas Imhof, Sebald Örtel und Erkenbrecht Koler aus Nürnberg im 16. Jahrhundert finden wir auch in der gleichen Zeit einige deutsche Fürsten, wie Herzog Heinrich den Frommen von Sachsen, Vater jenes umstrittenen Kurfürsten Moritz von Sachsen, und Edelleute, so den Freiherrn von Gundelfingen und den berühmten Jörg Truchsess von Waldburg bei Sankt Jakob.

Nicht gering war auch die Zahl angesehener Pilger aus der deutschen *Schweiz*, von denen wir nach den Arbeiten von P. I. Müller und anderen nur noch Wilhelm von Englisberg (1250) und H. Walliseller von Zürich (1279) nennen. Im Spätmittelalter häufen sich geradezu die Belege für die Compostelafahrten, besonders aus den Städten Basel, Zürich und nicht zuletzt aus Freiburg. Einen eingehenden Bericht haben wir u. a. von der Pilgerschaft des Zuger Hauptmanns Schönbrunner, der mit angesehenen Luzernern 1531 quer durch Frankreich nach La Rochelle ritt und von dort zu Schiff nach Galicien segelte. Auch aus Graubünden, das sich ja einer besonders starken Jacobus-Verehrung erfreute, haben wir zahlreiche Nachrichten über Compostela-Fahrten.

Neben diesen mehrheitlich der sozialen Oberschicht angehörenden Persönlichkeiten darf aber die große Masse der *bescheidenen Pilger* nicht übersehen werden, die oft in ganzen Pilgerzügen, so 1203 aus dem Rheingau, oder mit vollen *Pilgerschiffen* nach Santiago wallfahrteten.

Seit dem 12. Jh. segelten Bewohner Englands, Hollands und Frieslands zum Apostelgrab, zahlreiche Schiffe mit Pilgern aus den deutschen Ostseestädten, vorzüglich Danzig und Stralsund, so noch 1508 mit 150 Wallfahrern, passierten den Sund vom 13.–16. Jh. auf der Fahrt gen Compostela. Von Hamburg lief lange Zeit Jahr für Jahr im März ein Pilgerschiff nach Compostela mit bis zu 200 Personen aus, die in Sturm und Wassernöten eine Wallfahrt nach Santiago gelobt hatten. In der Fastenzeit wurde dort alljährlich auf Ansuchen der Seefahrer, die „mit den Jakobiten nach Spanien" segelten, eine Bittmesse des hl. Jacobus abgehalten. Und nach Bezwingung der räuberischen Vitalienbrüder unter Klaus Störtebecker u. a. unternahm der siegreiche Führer der Hamburgischen Flotte, Ratsherr Klaus Schocke, 1402 namens und auf Kosten seiner Stadt eine Dankwallfahrt zum Grabe des hl. Jacobus.

1369 gelobte der Magistrat von Bremen in schwerer Zeit, jährlich einen Pilger zum hl. Jakob zu entsenden. Nur mit ausdrücklicher päpstlicher Genehmigung konnten derartige Gelöbnisse in Schenkungen, die im Falle Bremen in der Errichtung einer Kapelle und eines Altares in der Hauptkirche zu Ehren des Apostels bestand, umgewandelt werden. Ähnlich bevollmächtigte am 13. Juli 1359 Papst

Innocenz VI. den Großpönitenziar, das Santiago-Wallfahrtsgelübde des Ritters Sigmund von Hattstadt und anderer in gute Werke umzuwandeln; diese entsprachen meist der Summe, die die Pilgerreise nach Compostela gekostet hätte.

IV Von der Jacobusverehrung im Abendland

Aus den frühen Zeiten des Mittelalters, insbesondere *vor* der Entdeckung des Apostelgrabes, sind verhältnismäßig wenig sichere *Jacobuspatrozinien* nachweisbar, so ist im 8. Jh. – von Spanien abgesehen – in der Apostelkirche von Metz das Brüderpaar Jacobus und Johannes als Sonderpatrone bezeugt, eine merowingische Jakobskirche ist meines Wissens nur in Cahors bekannt. Dann aber taucht in einer Urkunde Karls des Kahlen 844 Jacobus neben Stefan als Patron der Kathedrale von Toulouse auf.

Das *deutsche Sprachgebiet* ist eines der Länder, die am frühesten und umfangreichsten die Verehrung des hl. Jacobus übernahmen. Schon im 9. Jahrhundert tauchte sein Name in den Zeugenlisten der Freisinger Urkunden auf, und bereits Notker der Stammler von St. Gallen († 912) weist auf den Jakobskult in den oberdeutschen Gegenden hin. 100 Jahre später ist der 25. Juli längst als „Jakobitag" im Bayerischen Kalendarium verzeichnet. Die Freisinger Traditionen bringen die ersten Berichte über Wallfahrten aus Bayern nach Compostela, und es scheint, als ob die ersten kleinen Jakobskirchen in den deutschen Alpengegenden bereits im 9. und um die Wende vom 9. zum 10. Jh. und vorzüglich dann im 10. Jh. entstanden sind. So haben heute die in den Freisinger Traditionen 804 erwähnte „Ecclesia in Perch", Jakobsberg in der Pfarrei Tuntenhausen, und der 859–864 erwähnte Ort Rotinpah, das heutige Jakobsrettenbach, Jakobskirchen, nach denen die Orte ihre Namen erhielten. Allerdings vermutet Weigel mit Rücksicht darauf, daß die überwiegende Zahl der mit Jakob gebildeten Ortsnamen im kolonialen Ostdeutschland zu finden ist, man müsse das dahinterstehende Jakobspatrozinium auch in Baiern erst dem Hochmittelalter zuteilen. Das uralte Jacobuspatrozinium von Hörbering im Rottal deutet möglicherweise – wie Hubensteiner vermutet – schon auf eine Pilgerherberge hin. Ob die 858 genannte alte Pfarrkirche von Sissach im Baselland schon ursprünglich den hl. Jacobus als Patron hatte, ist fraglich, dagegen ist ein sicheres Vorkommen des Jakobspatroziniums im 9. Jahrhundert aus dem Bistum Lausanne (Pery 866) überliefert, ebenso in der Schweiz noch für Cham und Eschenbach. Die im Reichsurbar des 9. Jahrhunderts genannte Kirche „in Villa Pludessis" war die dem hl. Jacobus geweihte Kirche von Bludesch.

896 stattet Kaiser Arnulf die Jakobskirche bei der königlichen Pfalz Roding (Niederbayern) mit einer *Jakobsreliquie* aus. Und auch das alte Kloster Pfäfers war stolz auf seine Jacobusreliquien. Wie begehrt überhaupt Reliquien des hl. Jacobus waren, zeigt die Mitteilung des bekannten Geschichtsschreibers des 11. Jhs. Adam von Bremen, der nach dem 1072 erfolgten Tode Erzbischof Adalberts von Bremen schreibt, der deutsche König (Heinrich IV.) habe aus den Truhen des Verstorbenen die Hand des hl. Apostels Jacobus an sich genommen, die Erzbischof Adalbert während eines italienischen Aufenthaltes vom Bischof Vitalis von Venedig erhalten hatte.

Sehr interessant sind die neuen Ausgrabungsergebnisse in der Jakobskirche zu Braunschweig aus karolingischer Zeit. Danach dürfte die karolingische Gründung des Handelsplatzes Braunschweig und die alte Annahme des Gründungsjahres von 861 sich bestätigen. Ob allerdings das Patrozinium St. Jakobs bereits von Anfang an für diese Pfarrkirche der Kaufmannssiedlung erscheint, ist wohl kaum mehr festzustellen. Immerhin aber handelt es sich hier um eine der allerältesten deutschen Jakobskirchen.

Das wohl noch vom hl. Bonifazius geweihte Kloster *Benediktbeuren* mit seinem großen Besitz an der wichtigen Italienstraße hat ebenfalls schon frühzeitig als 2. Patrozinium den hl. Jacobus (später erst Benedikt!) gehabt; in seiner alten Jakobs- (jetzt Katharinen-) Kapelle hängt als Altarbild eine der seltenen, in Süddeutschland aber mehrfach auftauchenden Darstellungen des hl. Jacobus vor der *Virgen del Pilar* (Zaragoza), der auf einer Säule (ursprünglich im Ebrofluß) stehenden Muttergottes, die nach der Legende Jacobus zur Missionierung Spaniens ermuntert habe und dann die Patronin Aragons und später ganz Spanisch-Amerikas wurde. Eine Reihe von Kirchen Benediktbeurens an der schon 1120 als „Königliche Straße nach Tirol und Italien" bezeichneten Kesselbergstraße waren Jakobskirchen, wie Walchensee und Wallgau, oder hatten den Heiligen als zweiten Patron wie Bichl. Ersteres gilt auch für den Besitz der Jacobuskirche von Benediktbeuren in Landstetten (zwischen Ammer- und Starnberger See).

Überhaupt dürfte die mir mündlich übermittelte Vermutung von P. Romuald Bauerreiss, die in Bayern zahlreich auftauchenden Buron (-Beuren-) Orte wiesen in ihrer Bedeutung eines *besonderen* Hauses im Zusammenhang mit den vielen Klosterbezeichnungen wie Beuron, Benediktbeuren, Ottobeuren, Michelbeuren usw. auf frühe Pilgerhospize hin, manches für sich haben. Interessant eine chronikale Mitteilung schon um 1050 aus Benediktbeuren, Karl d. Gr. habe dort einst auf der Jagd in einem Aufenthaltshaus (Hospiz?) übernachtet.

Dann aber scheint sich die frühe Jacobusverehrung auf deutschem Boden vor allem unter dem Einfluß der *iroschottischen Mönche*, besonders seit ihrer zweiten Bayern überflutenden Welle, unter dem Einfluß der Gorze-Trierer Reform stärker entwickelt zu haben. Ihren Hauptsitz nahmen sie in dem vor dem Regensburger Westtor um 1090 begründeten Jacobuskloster mit seiner 1110 geweihten berühmten Kirche. Das Begräbnisrecht der Schottenkirche wurde auf alle Pilger und Gäste ausgedehnt, die bei St. Jakob weilten. Das Regensburger St.-Jakobs-Kloster wurde die Pflanzstätte anderer Iren-Niederlassungen, so des Würzburger Jakobsklosters (1134); auch das Jakobskloster in Erfurt war vom Regensburger St.-Jakobs-Kloster (der „Ecclesia matrix") abhängig. Ebenso das Schottenkloster in Nürnberg aus dem 12. Jh. – In nennenswertem Umfang setzen bei uns jedenfalls die Kloster- und Kirchengründungen zu Ehren St. Jakobs um das Jahr 1000 ein; es sei nur auf die Jakobspatrozinien des 11. Jhs. in Lüttich, Süllberg, Mainz, Bamberg und Pegau, 1113 zu Wien hingewiesen.

Auf die zahlreichen *Tiroler* Jakobskirchen bin ich schon früher eingegangen; neu erwähnt sei hier noch die 1281 erbaute romanische St. Jakobskapelle in Hall (Tirol), zu der am Vortag des Namenspatrons der Stadtklerus in feierlicher Prozession zog, um dann am 25. Juli dort das hl. Amt abzuhalten.

Die von mir früher schon hervorgehobene eigenartig enge Verbindung von *Heiligenkult und Politik* – eben nicht nur in Spanien – hat bei uns gerade in der Stauferzeit ihren ersten Höhepunkt erreicht mit der von Kaiser Friedrich I. angestrebten und am 29. Dezember 1165 in der Kaiserstadt Aachen durchgeführten Kanonisation Karls des Großen, in dessen Person die kaiserliche Partei das Ideal des weltlichen Stellvertreters des Himmelsherrschers erblickte. Die wohl zur Vorbereitung der Heiligsprechung auf Betreiben Kaiser Friedrich Barbarossas geschriebene, auf Pseudo-Turpin beruhende *Vita Karls des Großen*, eine der wichtigsten Propagandaschriften der Stauferzeit, gipfelt in der betonten Vergleichung des heiligen Kaisers mit Friedrich I. und stellt Karl d. Gr. als den großen Kämpfer Gottes und Märtyrer dar, der in göttlicher Mission handelt. Diese Schrift gab m. E. der Jacobus-Verehrung in Deutschland einen starken Auftrieb, da es in ihr der hl. Jacobus ist, der Karl die Befehle Gottes überbringt und ihm zugleich Märtyrertum und ewigen Ruhm verkündet.

In diesem Zusammenhang ist es verständlich, daß die Vita auch von einer Wallfahrt Karls d. Gr. nach Compostela zu berichten weiß. Eigenartig auch die Rolle, die die Wallfahrt zu Santiago in ihrer Verbindung mit der *Rolandsage*, die ja unter den Pilgern nach Compostela stark verbreitet war, am Hofe Friedrichs I. spielte, wo sie vom Kaiser, Heinrich dem Löwen und dem Kanzler Rainald von Dassel mit verteilten Rollen rezitiert wurde, also ganz so, wie es am Herdfeuer der Pilgerherbergen auf den Santiago-Straßen zu vielen Malen durch die Jakobsbrüder geschah.

Wenn Weigel als weiteres förderndes Moment an die Heirat des Kaisersohnes Konrad von Rothenburg mit der damaligen Erbin von León-Kastilien, Berengeria, erinnert, so dürfte dies allerdings wenig zum Tragen gekommen sein, da die Ehe trotz des eingehenden, zu Seligenstadt 1188 geschlossenen, zum erstenmal die Frage eines Prinzgemahls aufgreifenden Ehevertrags auf päpstlichen Einspruch nicht zum Vollzug kam und bald wieder gelöst wurde.

Eher wird dagegen die Heirat der „sehr süßen" Stauferin *Beatrix*, Tochter König Philipps von Schwaben, mit König Ferdinand d. Hl. von Kastilien 1219 die Jacobusverehrung in Deutschland vertieft haben, zumal ihr bedeutender Sohn König Alfons X., der Weise, ja als deutscher Gegenkönig engere Beziehungen zum Heimatland seiner Mutter knüpfte und in einem seiner schönen in den „Cantigas de Santa Maria" zusammengefaßten und von ihm selber in Musik gesetzten Marienliedern die Geschichte eines gelähmten deutschen Compostelapilgers beschreibt, der – auf der Reise noch erblindet und von seinen Gefährten im Hospiz von Villa Sirga zurückgelassen – auf sein Gebet von der Gottesmutter erhört und geheilt wird.

Am 27. Juli 1215 hatte indessen Kaiser Friedrich II. die Gebeine seines großen Vorgängers Karl persönlich zu Aachen in dem zwischen 1200 und 1215 hergestellten *Karlsschrein* verschlossen, der zu den bedeutendsten Meisterwerken der monumentalen kirchlichen Goldschmiedekunst gehört und heute noch im Chor des Aachener Domes die Anwesenheit Karls d. Gr. repräsentiert. Seine

Mittelalterlicher Weg. Detail aus einem Stich von H. Cock nach Breughel (Bergpredigt).

acht aus vergoldetem Kupfer getriebenen Reliefs stellen (mit einer Ausnahme) Szenen aus der umfangreichen Karlslegende dar, wobei der hl. Jacobus eine wichtige Rolle spielt. Im 1. und 2. Bild erscheint einmal der hl. Jacobus dem unter einer Decke schlafenden Kaiser und verspricht ihm Galicien, während Karl rechts die in der Inschrift genannte Sternenstraße betrachtet. Das zweite Bild zeigt die Eroberung von Pamplona in Spanien, in der Mitte sieht man die Stadt, links erbittet der kniende Kaiser die Fürbitte des Apostels, rechts stürmen seine Krieger die Stadt, während durch die Hilfe des hl. Jacobus die Mauern einstürzen.

Nicht von ungefähr sehen wir damals gerade an betont *staufischen* Orten Jacobuspatrozinien auftauchen. Die Gründung der an der schon 1280 erwähnten Jakobsstraße gelegenen Jakobskirche in Aachen durch Karl d. Gr. selber ist zwar legendär, sie ist aber – im Anfang des 12. Jahrhunderts erbaut und genannt – eine der ältesten Stadtkirchen und seit 1320 Pfarrkirche; 1264 wird bereits das Aachener Jakobstor aufgeführt. Auch in Nürnberg mit der königlichen Eigenkirche St. Jakob in Verbindung mit dem dortigen Königshof oder in Rothenburg mit seiner Jakobskapelle im vermutlichen Bereich des zur Stauferburg gehörenden Wirtschaftshofes tauchen in der Stauferzeit Jacobuspatrozinien auf.

Überhaupt verstärken sich jetzt die Wallfahrten nach dem Apostelgrab im fernen Spanien und damit im Zusammenhang die Gründungen von Jakobskirchen, -kapellen und -hospizen. – Der hl. Bonaventura stellte einmal fest, daß im 12. und 13. Jh. allein im *Deutschen Reich* etwa *500 Kirchen* dem Kult des hl. Jacobus dienten. Nach meinen eigenen Nachforschungen können wir nur im *bayerischen* Raum über 110 z. T. sehr stattliche Jakobskirchen und Kapellen, im *österreichischen* Staatsgebiet über 120, im *altburgundischen* Alpengrenzgebiet 60, im Bistum *Chur* 17, im *Freiburgischen* 24, im *Kölner* Gebiet 17, im *Münsterland* rd. 10, im heutigen Land *Niedersachsen* noch mindestens 40, im *thüringisch-sächsischen* Raum mehr als 25 von ihnen nachweisen. Dabei finden wir gern Jakobskapellen auf Berg- und Paßstraßen. Von Norden, d. h. von Deutschland, scheinen auch die Jacobuspatronate – zum Teil mit dem Christophorus-Patronat vereint, worauf Weigel hinweist – in die *italienischen* Alpengebiete hineingetragen zu sein, so z. B. in der Leventina (Gotthardtstraße), an der Straße von Locarno nach Domodossola, oder an dem alten Gabelpunkt der Straße von Bellinzona nach Mailand und bei Varese in der ehemaligen römisch-langobardischen Straßenstation Stabio.

Nicht weniger stark war der Jakobskult auch in anderen Gebieten des Römisch-Deutschen Reiches, so im *Elsaß* und im *östlichen Kolonisationsgebiet* bis nach Reval und Schlesien, in *Böhmen* und *Mähren* ausgeprägt. Vor allem aber in den seit dem 12. und 13. Jh. am Handelsverkehr über See mit Spanien lebhaft interessierten *Hansestädten* wurde der hl. Jacobus besonders verehrt. Wenn man auch bei dem nur losen Bund der Hansestädte Jacobus nicht als eigentlichen Patron der Hanse bezeichnen kann, war seine Verehrung als Patron der Pilger und Reisenden – gerade auch Kaufleute und Schiffer – unter den Seeleuten an den Küsten der Nord- und Ostsee sehr ausgeprägt. Seit dem 12. Jh. schon sehen wir in den Küstengebieten ringsum – auch in Skandinavien – überall z. T. mächtige Jakobskirchen, vielfach mit Bruderschaften und Hospizen, emporstreben. Von Hamburg, Bremen, Lübeck, Stralsund, Greifswald, Rostock, Stettin (von Bamberg aus schon 1186 gegründet und vom Pommern-Herzog als Pfarrkirche der Deutschen bestimmt) über Danzig, Thorn bis Riga und Reval reichte der Kranz der Jacobuskirchen. Kopenhagen und das von deutschen Kaufleuten mitgegründete Stockholm – im Mittelalter praktisch eine deutsche Hansestadt – bewahren heute noch ihre großen Jacobuskirchen und -figuren; das uralte Upsala – einst Schwedens Hauptstadt – birgt in seiner ältesten „Dorfkirche“ eine Nachbildung seiner im Stockholmer Museum jetzt aufbewahrten alten Jacobusfigur.

Im Sant' Jago-Buch habe ich schon zahlreiche der bedeutendsten Jakobskirchen im ganzen Umfang des Römisch-Deutschen Reiches aufgeführt. Hier können daher nur einige Ergänzungen gebracht werden, wie z. B. die Jakobskirchen in Herford, Goslar, Nordhausen, Mühlhausen, Hall, Leutschau (Zips) und die interessante Gruppe von *Jacobus-Wehrkirchen* und befestigten Kirchhöfen, wie sie sich z. B. in Oberfranken an der alten Slavengrenze unter dem Patronat des Maurentöters und Ritters Christi Jacobus nachweisen lassen, unter ihnen wahre Kirchenburgen, z. T. auf beherrschender Höhe gelegen. Ich nenne neben dem Jacobusstift Marktschorgast nur die Wehrkirche im alten karolingischen Königshof und späten Zentgerichtshof Königsfeld, die vielleicht eine der bekannten Slavenpfarreien Karls d. Gr., jedenfalls einzige Wehrkirche Oberfrankens aus romanischer Zeit war; ferner die von Berg (Hof), Herreth (Staffelstein), Teuchatz (Bamberg) und Niedermirsberg, deren Kirchturm wohl Bergfried einer früheren Burg war.

Wir können überhaupt entsprechend dem doppelten Patronat St. Jakobs als *Pilgervater* und *Patron der Ritter* vielfach Jakobskapellen bei heute untergegangenen oder noch bestehenden *Burgen* nachweisen, wie dies besonders auffällig u. a. in der großen oberbayerischen Grafschaft der Falkensteiner im 12. Jh. der Fall war, ebenfalls bei dem Felsenschloß Prunn, der Stöckenburg (Württemberg), der ursprünglichen Reichsburg Hohenassel (Braunschweig) oder der Schloßkirche von Osterode.

Wir haben hier schon die beiden Hauptpatronate des hl. Jacobus angedeutet. Damit ist sein Wirkungskreis aber bei weitem nicht ausgeschöpft. Fürstentümer wie Braunschweig, Münsterberg, Öls und Neiße und zahlreiche bedeutende Städte, so Chemnitz, Göttingen, Hannover, Innsbruck, Rostock und Wasserburg wählten den Apostel zu ihrem *Patron* und errichteten ihm stattliche Kirchen.

Interessant auch das Auftauchen von Jacobus in Stadtwappen und Gerichtssiegeln wie in Rüdesheim, wo seit 1412 St. Jakob als Pilger (zusammen mit dem hl. Martin) in den Gerichtssiegeln erscheint, während die Wappensteine in dem dortigen Weißenturm 1425 und 1492 den Pilgerhut mit der Muschel tragen. Im 18. Jh. zeigt das Gemeindewappen nur noch die Muschel. In dieser Entwicklung drückt sich nach Weigel – wie in Bayern und Ostfranken – das Nebeneinander bzw. Nacheinander der beiden Patrozinien deutlich aus. Ganze *Berufsstände* und Gewerbe, Apotheker, Arbeiter, Hutmacher (Pilgerhüte!), Wachszieher, auch die Waisenkinder unterstellen sich seinem Schutz.

V Auf westeuropäischen Pilgerstraßen

Die Frage, auf welchen Straßen die Pilger des Abendlandes gen Compostela zogen, ist nicht immer ganz einheitlich zu beantworten. Vielfach können wir sie heute noch an ihren in bestimmten Abständen bestehenden oder schon untergegangenen Jakobskirchen und -kapellen, an Pilgerherbergen oder Bruderschaften nachzeichnen. Im allgemeinen wurden natürlich die bestehenden und zum Teil sehr alten Handelsstraßen benutzt, sofern sie von Osten nach Westen bzw. Südwesten führten. Die Pilgerwege weisen aber daneben wie überall in Westeuropa immer wieder Umwege und Seitenwege auf, die oft den Besuch von besonderen Reliquienstätten und Gnadenorten ermöglichen. Im allgemeinen kann man für das Gebiet des alten *Römisch-Deutschen Reiches* feststellen, daß es *drei* verschiedene Sammelpunkte der Pilger nach Compostela gab. Einmal im Norden die großen *Hansestädte* an den Küsten der *Ostsee* (wie Lübeck, Stralsund, Danzig bis Riga und Reval), wohin vielfach auch die Pilger aus dem Osten und Skandinavien kamen, und der Nordsee (besonders Hamburg und Bremen), von wo die Wallfahrer – meist in größeren Transporten *zu Schiff* – nach Südfrankreich (z. B. Bordeaux) oder seltener zur galicischen Nordküste direkt fuhren. – Sodann als zweiten Treffpunkt die alte *Kaiserstadt Aachen* mit ihren zahlreichen Pilgereinrichtungen, von wo es weiter zu bekannten nordfranzösischen Kultstätten ging, wie St.-Josse, Ste.-Marie-Madeleine bei St.-Maximin, um in *Paris* und *Chartres* mit ihren dortigen Pilgerstützpunkten zwei der großen durch Frankreich führenden Pilgerstraßen zu erreichen. Es war dies die sogenannte „*Niederstraße*" Deutschlands.

Der dritte große Pilgerweg nahm von dem Sammelpunkt der Oberdeutschen im Kloster *Einsiedeln* – und für die Graubündner im Kloster Disentis mit seiner Jakobsbruderschaft – wo sich die Wallfahrer Segen und Empfehlungsschreiben für ihren weiten und nur zu oft gefährlichen Weg holten, seinen Anfang als sogen. „*Oberstraße*“. Er ging über Luzern, Bern und Freiburg i. Ü., dessen Ratsprotokolle laufend die an Jakobspilger gezahlten Unterstützungen erwähnen, nach Lausanne und Genf mit seinem Pilgerhospiz und der Jakobskapelle am linken Rhoneufer. Übrigens zählte allein das kleine Bistum Genf 17 Jakobskapellen. Durch Savoyen über Chambéry mit 4 Jacobuskapellen führte die Straße rhoneabwärts nach Valence und Nîmes. Auf dieser Strecke mündeten mehrere Straßen der Pilger, die von *Rom* zahlreich nach Compostela wanderten, sei es über den Großen St. Bernhard mit seinem weitbekannten Hospiz und dem altberühmten mächtigen, nunmehr seit über 1400 Jahren bestehenden Königskloster St. Maurice im Wallis an der Rhone, wo ebenfalls ein Jacobushospiz bestand, sei es über den Kleinen St. Bernhard durch die Tarentaise, die 16 Jacobuskapellen am Pilgerwege zählte. Eine weitere *Italienstraße* führte die Jakobsbrüder schließlich über den Mt. Cenis und die Landschaft Maurienne mit 1 Jakobskirche und 12 Kapellen auf die Rhoneachse. Dort ging es weiter entlang dem Flusse – lange Zeit Grenze des burgundisch-deutschen Reiches gegen Frankreich – nach Arles, der alten Krönungsstadt der deutschen Kaiser als Könige von Burgund, mit ihrem Jacobus in St.-Trophime, um dann in St.-Gilles den vierten südwestlichen Pilgerweg durch Frankreich zu erreichen. – Viele deutsche Pilger gewannen aber auch in Vézelay in Mittelfrankreich eine andere der großen französischen Pilgerstraßen. Überhaupt darf man sich nicht schematisch an die großen Pilgerstraßen klammern, denn wie Secret es ausdrückt: alle Wege führten nicht nur nach Rom, sondern auch nach Compostela! Dazu wichen die wohlhabenden Pilger, die Fürsten, Ritter und Patrizier vielfach von diesen Straßen ab, um z. B. Frankreich von Ost nach West zur atlantischen Küste zu Pferde zu durchqueren, oder, wie schon berichtet, von der Rhone an der Mittelmeerküste entlang über den Hof der aragonesischen Könige – Barcelona, das nahe Heiligtum des Montserrat und Zaragoza mit der berühmten der Jacobuslegende eng verbundenen Virgen del Pilar durchziehend – zum Apostelgrab weiterzureisen.

In *Frankreich* können wir im großen und ganzen vier besondere Pilgerstraßen feststellen, an die sich aber oft rechts und links – häufiger als in Spanien – Umwege zu bekannten Heiligtümern anschlossen. Dementsprechend ist auch das Bildmaterial des 2. Buchteiles angeordnet, das mit Recht von der Kette von Wallfahrtsorten ausgeht, durch die ja primär die Wegbildung festgelegt wurde!

Es sind im einzelnen von Norden nach Süden gehend einmal von *Chartres* und *Paris* mit St.-Denis aus die Route, die über das Grab des fränkischen Nationalheiligen St. Martin in Tours, über Poitiers, St.-Jean-d'Angély, Parthenay-le Vieux mit seinem Jacobustor, nach Angoulême und Bordeaux führte, wo – wie in La Rochelle – größtenteils die vom Norden zu Schiff kommenden Pilger an Land stiegen. Dann ging es durch die weiten Ebenen der „Landes“ nach Dax und Ostabat, wo sich am Pyrenäenfuß die erste mit der zweiten und dritten französischen Pilgerstraße vereinigte, um über St.-Jean-Pied-de-Port und seine alte Brücke den sagenumwobenen Paß von Roncevaux mit seinem großen von Jakob von Vitry rühmend hervorgehobenen Pilgerhospiz, seinen Karlserinnerungen und seiner Abtei zu erreichen, ehe der mühsame Abstieg ins spanische Land begann. Die schon erwähnte zweite *Pilgerstraße* begann in Vézelay südlich der oberen Seine, zog über Autun und Bourges mit seiner Kathedrale, Paray-le-Monial und am Grabe des hl. Léonard vorbei nach Limoges und Périgueux, Bazas und dem oben erwähnten Treffpunkt Ostabat. – Ein weiterer, der *dritte Pilgerweg*, ging von Clermont-Ferrand und seiner Kathedrale nach Notre-Dame von Le Puy mit St.-Michel, St.-Jacques-des-Blats nach der altberühmten Wallfahrtsstätte von Conques mit Ste.-Foy, nach Rocamadour mit dem Totentanz, nach Cahors mit seiner merovingischen Jakobskirche. Über Moissac mit seinem Jakobsrelief erreichten die Wallfahrer auch auf dieser Strecke schließlich Ostabat und die Pyrenäen. – Der *vierte* letzte große von Ost nach Südwest verlaufende *Weg* führte vom schon genannten St.-Gilles am Rhonedelta ausgehend nach St.-Guilhem-le-Désert und Toulouse mit seiner 1292 geweihten Jakobuskirche und den anderen Heiligtümern wie St.-Sernin und St.-Just; zugleich aber fanden die Pilger dort zu ihrer Beunruhigung einen zweiten angeblichen Leib des hl. Jacobus! Über Oloron gelangten sie dann zum zweiten begehbaren Hauptpaß der Pyrenäen von *Somport* und damit auf spanischen Boden.

So wanderte der Jakobspilger durch Frankreich praktisch von Wallfahrtsort zu Wallfahrtsort seinem Ziel entgegen. Fürsten und Edle, Kaufleute, Künstler, Freie und Bauern, aber auch viel fahrendes Volk, gewerbsmäßige Bettler und andere weniger erfreuliche Leute sahen die Straßen nach St. Jago ziehen.

Endlich in *Spanien* angekommen, hatten die Pilger – wenn sie die Pyrenäen auf einem der beiden Pässe überschritten – nach kurzer Trennung der Straßen entweder über die Hauptstadt Navarras, Pamplona, oder über die alte Bischofsstadt Jaca am Südfuß des Gebirges – von Puente la Reina mit seiner Santiago-Kirche und Pilgerbrücke ab, *einen* großen *Jakobsweg* durch Kastilien und León nach Galicien vor sich.

Ursprünglich allerdings, in den ersten Jahrzehnten der Wallfahrt, mußten die Pilger wegen der drohenden Gefahren durch den kämpferischen Islam mühsam an den *Nordhängen der Kantabrischen Küstengebirge* entlang nach Compostela ziehen. G. Menéndez Pidal zeigt des näheren, wie nach Festigung der Lage unter Sancho d. Gr. von Navarra der Weg nach Süden verlegt werden konnte, um dann mit Hilfe der Wegebauten Kaiser Alfons' VI. von Kastilien im 11. Jahrhundert genauer festgelegt zu werden. Im großen gesehen setzt er sich über Estella und Logroño nach Nájera fort, führte über La Calzada mit dem Grab des hl. Wegebauers Domingo und den heute dort noch ge-

Detail aus einem Stich von H. Cock nach Breughel (Bergpredigt).

hegten Hühnern der Legende des unschuldig gehängten und von Jacobus erretteten deutschen Pilgers nach der Hauptstadt Kastiliens, Burgos, mit seiner großenteils von deutschen Baumeistern (den „Kölnern") erbauten herrlichen gotischen Kathedrale mit ihrem berühmten Pilgerportal, mit dem großen Königshospital und dem gewaltigen Königskloster Las Huelgas, das in letzter Zeit durch die Entdeckungen in den Königsgräbern Aufsehen erregte. In Burgos wurde übrigens 1229 die *Hospitaliterbruder-*

schaft des hl. Jacobus gegründet, die auch an anderen Orten Spaniens, ähnlich der in Südfrankreich und Italien, Pilgerhospitäler unterhielt.

Weiter ging es – wenn auch öfters mit Abzweigungen zu bekannten Klöstern und Gnadenorten – über Carrión mit einer Santiago-Kirche und über das altberühmte Kloster von Sahagún nach der Hauptstadt des Königreichs León, einst Lager der VII. römischen Legion, dann Zentralpunkt der Reconquista, Krönungsort des Burgundersohnes Alfons VII. zum Spanischen Kaiser, mit seinem Pantheon der leonesisch-kastilischen Könige in S. Isidoro (mit Jacobusfresko). Von dort zog sich die Pilgerstraße über Astorga, Ponferrada und Villafranca nach dem alten römischen Lugo, um – nun schon in Galicien – nach Überschreiten des oberen Miñoflusses am Ende der langen Pilgerschaft den Jakobsbruder dem Endpunkt seiner Mühen, dem heißersehnten Grabe des Apostels in der Santiago-Kathedrale von Compostela, und zugleich den vielen Pilgerherbergen zuzuführen.

Erst im 13. Jahrhundert tut sich dann an der Küste bei Irun ein *neuer Weg* durch Spanien auf, der durch das Baskenland über Vitoria und Miranda führte, um sich in La Calzada oder Burgos mit dem oben beschriebenen Hauptweg zu vereinigen (siehe hierzu die *Karte der Pilgerstraßen*).

Die Weite des Weges, Unsicherheit vieler Gebiete, Mühseligkeiten bei der Überwindung hoher Gebirge und vielfach reißender Flüsse, dazu nicht zuletzt das Verhalten räuberischer Wirte und Spittelmeister, wie es noch in „des Knaben Wunderhorn" so ergreifend zum Ausdruck kommt, und Ungunst des wechselnden Klimas zeigen einige der *Gefahren* auf, die dem Pilger zwangsläufig drohten. So ist es kein Wunder, wenn trotz aller Bemühungen der an den Straßen liegenden Klöster und Pilgerherbergen die Totenbücher vieler Gemeinden und die Chroniken nur zu oft melden mußten: „blib uf Sant Jakobs Strass". Dazu kennen wir erschütternde Beispiele. Und mehr denn einmal verschollen ganze Pilgerschiffe mit Hunderten von Wallfahrern, die z. B. von den Hansestädten ausliefen, in der stürmischen Biskaya.

So ist es verständlich, daß wir heute noch zahlreiche Testamente kennen, die seit ältesten Zeiten immer wieder von Pilgern vor Antritt ihrer Reise abgefaßt und stattliche Vergabungen an Jakobskirchen niederlegten oder auch nur wie in Lübeck bestimmten, daß nach dem Tode des Testators ein besonderer Bote für ihn zum hl. Jakob wallfahren sollte.

In diesem Zusammenhang interessant wäre die Festlegung der *täglichen Wanderstrecken* der Pilger von Herberge zu Herberge. Nach meinen Beobachtungen ist – schon wegen der wechselnden Geländeschwierigkeiten und je nach Lage der aufgesuchten Gnadenstätten – eine durchschnittliche Tagesleistung kaum anzugeben. Im allgemeinen kann man in Deutschland Tagesmärsche von 25–35 km errechnen, während z. B. in Spanien nach den zuverlässigen Angaben im Poema del Cid sich fast unglaubliche Tagesreisen – wohl nur der Berittenen? – bis zu 90 km, im allgemeinen aber zwischen 40–60 km ergeben. Ähnlich stellt der Codex Calixtinus die Tagesreisen der Pilger auf den kastilischen Strecken dreimal bis zu 40 km, viermal zwischen 40–60 km, und fünfmal sogar zwischen 60 und 80 km je Tag fest.

Alle diese Tatsachen lassen es verständlich erscheinen, daß der Jakobsbruder – so vielfach sich auch schon frühzeitig selbst von hoher kirchlicher Seite und dann gesteigert in der Reformationszeit Kritik an zweifellos vorhandene negative Auswüchse der Pilgerschaft knüpften – doch eine sehr angesehene Person war. Obwohl man von manchem wußte, daß er nur auf obrigkeitlichen Befehl zur Sühne eines Verbrechens auf die Pilgerschaft ging, galt der Pilger im muschelverzierten, breitkrempigen Hut und Pilgermantel mit Wanderstab und Pilgertasche als *„heiliger Fremdling"*, was noch heute in manchen Elend (Ausland!)-Bruderschaften nachklingt. Nach glücklicher Heimkehr vom fernen Apostelgrab genoß er unter seinen Glaubensgenossen ein ähnliches Ansehen wie etwa der Mekka-Pilger in Islamischen Ländern. – Ihn zierte das oft in Silber gefaßte *Jakobszeichen*, das, von heiliger Stätte mitgebracht, als kostbares Andenken galt und mehrfach – wie 1409 in Straßburg – von den Hinterbliebenen feierlich an Jakobskirchen geschenkt wurde.

Bei Haller Bodenfunden fand man in Tirol das älteste Pilgerzeichen Österreichs und in der Gruft der Herren von Kripp in ihrer Haller Salvator-Kirche auch die nach Art der Pilgermuscheln geschnittenen Rosenkranzperlen aus Gagat.

Die heute noch weit verbreitete Meinung, der berühmte, 1168 aus einer ritterlichen Laiengesellschaft zu Compostela hervorgegangene *Santiago-Ritterorden* sei zum Schutz der Pilgerstraßen gegründet worden, ist irrig; er bezweckte vielmehr den ständigen Kampf gegen den Islam an den oft weit entfernten Grenzen von León-Kastilien.

VI Zur Organisation der Pilgerfahrten

Gleichzeitig entwickelte sich zugunsten der Pilger eine gewaltige, das ganze Abendland umspannende, ja geradezu mitformende *Organisation von Jacobusbrüderschaften*, *Hospizen* und *Pilgerherbergen*, von *Brückenbaugenossenschaften* und *Wegebauten*, zu denen noch viele *Pilgerführer* traten.

In den Höhepunkt der Wallfahrten fällt die Blütezeit der St. Jakobbruderschaften, die sich gern in Städten, die an bekannten Wallfahrtsstraßen lagen, oder dort bildeten, wo etwa durch eine Jakobskirche der Gedanke an den Apostel besonders wachgehalten wurde. Sie waren der feste Rückhalt der Pilger, und ihnen ist vielfach auch die Gründung von Hospizen bzw. Pilgerherbergen zu verdanken.

Schon hingewiesen wurde auf die Rolle der Kluniazenser in Frankreich und Spanien. Unter den *französischen* Jakobsbruderschaften sei die von Paris erwähnt, bei der 1536 fast 1600 Brüder an einem Festmahl teilnahmen und dessen 1216 gegründetes großes Jakobskloster dann in der Französischen Revolution durch den dort tagenden radikalen Klub der Jakobiner einen düsteren Klang erhielt. Ferner die von Poitiers, Lisieux, Périgueux, Bordeaux, Senlis, Rouen, Compiègne, Moissac, St.-Quentin u. a., die fast alle an den französischen Jakobspilgerstraßen lagen und den Gedanken der Santiago-Wallfahrten pflegten.

Um von anderen Staaten des Abendlandes zu schweigen, sei aus dem *Römisch-Deutschen Reich* die uralte, heute noch bestehende Jakobsbruderschaft zu Bremen, das auch sonst engste Beziehungen zum Jacobuskult unterhielt, genannt. Während dort die Jakobikirche schon Ende des 12. Jahrhunderts von dem Bremischen Bürger Gerhard von der Kemenade gestiftet wurde, ist die Bruderschaft sicher im 15. Jahrhundert bezeugt. Andere finden wir in Lübeck, Hamburg (dort je eine der Seeschiffer wie der Binnenschiffer), Lüneburg und Frankfurt/M., wo es ein noch von Goethe beachtetes Compostell-Haus mit Pilgerherberge und Jakobskapelle gab. Die Bruderschaft von Duderstadt (Eichsfeld) ist am 2. März 1419 gegründet, 1511 wurde ein neues noch vorhandenes Bruderschaftsbuch angelegt, um 1540 betrug die Zahl der Brüder 217. Die großen Einnahmen dienten wie anderwärts größtenteils zur Unterhaltung des Pilgerhauses, Anschaffung von Meßgeräten, Unterstützung von Pilgern etc.; 1585 scheint infolge der Reformation die Bruderschaft aufgelöst zu sein. Auch in Göttingen gab es um 1500 eine Jakobsbruderschaft, wohl im Anschluß an die dortige Jakobskirche. In der alten Reichsstadt Lindau bestand noch 1813 eine kleine, aber alte Jakobsbruderschaft; bei der 1362 als bestehend bezeugten, zu Beginn des 19. Jhs. abgetragenen stattlichen Jacobuskirche auf der „Burg“ (Römerschanze), der kleinen, Lindau ursprünglich vorgelagerten, jetzt mit der Stadt verbundenen Insel im Bodensee, dürfte es sich um eine Kahn-Wallfahrt gehandelt haben. Sie stand möglicherweise auch mit der neben der Jacobuskirche vorhandenen, gleichfalls abgerissenen Kapelle der römischen Hl. Aurelia in Verbindung, deren Reliquien schon von Walahfrid mit dem hl.

Karlsschrein im Aachener Münster, zwischen 1200 und 1215 aus vergoldetem Kupfer für die anläßlich der Heiligsprechung 1165 gehobenen Gebeine Karls des Großen gearbeitet. Auf den Dachschrägen sind auf acht aufgetriebenen Reliefs Szenen aus dem Leben des Kaisers dargestellt.
Oben links: Jacobus erscheint dem schlafenden Kaiser und verspricht ihm Galicien; rechts: Der Kaiser sieht die Sternstraße, die ihn auffordert, zum Grab des Apostels zu ziehen.
Rechte Seite: Der Kaiser erbittet die Hilfe des Apostels bei der Belagerung von Pamplona.

Columban verknüpft werden. 1944 wurde übrigens unter dem Platz der alten Jacobuskirche die Grundmauer einer frühmittelalterlichen Kirche mit 3-Konchenchor aufgedeckt.

Überhaupt finden wir an der Pilgerstraße um den Bodensee zahlreiche weitere Jacobuskapellen mit z. T. bemerkenswerten Schnitzfiguren des Heiligen wie in Nonnenhorn und Riedholz (beide aus dem 15. Jh.). Im nahen Überlingen gab es im 15. Jahrhundert so viele Pilger, daß in der 1424 gegründeten Jodoks(Jakobs)-kapelle mit ihren neuentdeckten großen Jacobusfresken eine eigene Jakobsbruderschaft gegründet wurde, deren Mitglied nur werden konnte, wer eine Wallfahrt nach Compostela, Rom, Aachen oder St.-Josse (Pikardie) gemacht hatte. In Erfurt wurde 1519 die dortige Jakobsbruderschaft durch den „Cantor et Canonicus“ von St. Severin, Dr. J. Somering, feierlich bestätigt und ihr gleichzeitig Indulgenzien durch den Bischof Paulus von Ascalon ausgestellt und be-

siegelt. – 1484 richteten die Jakobsbrüder die Straßburger Jakobs-Bruderschaft für Priester und Laien beiderlei Geschlechts auf, die u. a. (neben Sammlung von Geldbeträgen) jeweils am 25. Juli ein Hochamt mit Predigt hielten, wobei die Namen aller verstorbenen Mitglieder von der Kanzel verlesen wurden; sie löste sich in den Reformationswirren schon 1524 wieder auf.

In der *Schweiz* kennen wir Jakobsbruderschaften u. a. seit 1475 in Freiburg, das ein Hauptdurchgangsort für die Santiagopilger aus Süddeutschland, Tirol und der Innerschweiz war und die Jakobsbrüder freigebig unterstützte. Große Privilegien besaß die Jakobsbruderschaft von St. Oswald in Zug (1500); 1560 wurde die von Sachseln gegründet, während im freiburgischen Tafers (dem Hauptort des deutschsprachigen Sensebezirks des heutigen Kantons) zur Jakobsbruderschaft 1620 ausdrücklich nur solche Pfarrgenossen zugelassen wurden, die tatsächlich nach Santiago gepilgert waren, ebenso im Tavetsch, wo 1609 25 Jakobsbrüder unter Kommissar Martin de Florin und später Abt Sebastian von Engelberg aufgezählt werden. – In *Tirol* finden wir u. a. an der bayerischen Landesgrenze anschließend an die Wallfahrtskapelle St. Jakob in der Klamm bei Unterleutasch, die zur Erinnerung an eine Santiago-Wallfahrt einer Familie Blaikner im 13. Jahrhundert errichtet wurde, ebenfalls eine in der Reformationszeit zugrundegegangene Jakobsbruderschaft erwähnt. Die genannte Wallfahrt ist übrigens dort noch heute in der Plaiknerkapelle dargestellt.

Von den zahlreichen *Pilgerherbergen* im deutschen Raum können wir hier nur einige wenige besonders aufführen. So steht gegenüber der großen Jakobskirche von Rothenburg o. d. T. – mit ihrem berühmten Herlin-Altar und der köstlichen Darstellung des Wunders von dem zu Unrecht gehängten deutschen Pilger – am Grünen Markt eine mittelalterliche Pilgerherberge mit weiträumigen Weinkellern, großer Diele im Erdgeschoß mit mächtiger Herdstelle (wohl als Massenquartier der ärmeren Pilger) und mit Schlafkammern im 1. Stock für vornehmere Wallfahrer. In Heiligenstadt lag, wie Keseling nachweist, die schon 1363 erwähnte Jakobskapelle mit Pilgerhaus außerhalb der Stadt, in der noch heute zahlreiche Jakobserinnerungen bestehen. Ähnlich lag auch in Witzenhausen eine Pilgerherberge vor der Stadt, in Duderstadt vor dem Steintor, während das Augsburger Pilgerhaus in der Innenstadt erst jetzt einem Straßendurchbruch zum Opfer fiel. – Auch in Aachen, dem wichtigen Sammelplatz der Pilger der „Niederstraße" nach Compostela, hat von 1435 bis 1565 ein Jakobsspital bestanden, das von der Jakobsbruderschaft errichtet war, um vorzüglich den nach Compostela zum Grabe des hl. Apostels wallfahrenden Pilgern größtmögliche Unterstützung und Pflege zuteil werden zu lassen. Spital und Herberge bestanden hier aus drei Häusern und einer kleinen Kapelle, rückwärts lag der Friedhof des Spitals. Aachen war übrigens im späten Mittelalter nach Rom und Compostela wohl die am meisten besuchte Wallfahrtsstätte im Abendland. In Trier erinnert noch heute die Straße Jakobsspitälchen an die alte Pilgerherberge.

Wichtig und nützlich für die Pilger waren weiterhin die *Brückenbau-Genossenschaften* und *Wegebauten*, wie wir sie z.B. in Spanien, an den Rhoneübergängen, aber auch in Italien finden, so den Orden der Brückenbrüder in Südfrankreich, den Klemens III. 1189 bestätigte, und die Hospitaliter des hl. Jacobus, denen die von den Päpsten geförderte Brücke über den Arno bei Fucechio nebst dem danebenstehenden Hospital an der großen Pilgerstraße von Lucca nach Florenz und Rom gehörte.

Z. T. mußten die Pilger selber zum Bau und Unterhalt der Pilgerstraßen beitragen, wie wir es z. B. in Tarascon (untere Rhone) erleben, wo die von Italien kommenden Jakobspilger je, ob Fußgänger oder Reiter, 3 Obolen bis 8 Denare Wegzoll entrichten mußten, während die dort aus Spanien, England und Frankreich eintreffenden Rompilger 3 Denare zahlten. – Andererseits wissen wir, daß die Herrscher, vor allem in Spanien, große Mühe und Kosten zur Instandsetzung und zum Ausbau der Pilgerstraßen aufwandten. Dem kam zugute, daß die Kirche im Mittelalter den Bau von Brücken durch eigene Brückenablässe förderte und als gottgefälliges Werk besonders hoch anrechnete.

So errichtete Kaiser Alfons VI. von Kastilien nicht nur zahlreiche Brücken, sondern auch viele Hospitäler und Herbergen auf den Jacobusstraßen seines Landes, und bereits Ende des 11. Jahrhunderts ist in León ein Königsfrieden zum Schutz der Wallfahrer bezeugt. 1124 wird auf Betreiben Compostelas auch die Pax et Treuga Dei für ganz León und Kastilien aufgerichtet, alle Friedensbrecher im Lande sollten mit Waffengewalt zum Gehorsam gebracht werden. Alfons VI. selbst begründet seine Schutzmaßnahmen in einer Urkunde von 1072 geradezu mit dem Herbeiströmen so zahlreicher Compostela-Wallfahrer aus dem ganzen Abendland, nicht zuletzt aus Deutschland, denen er weitgehende Erleichterungen und Abgabefreiheit gewährte. – Bezeichnend für den Geist der Hilfsbereitschaft gegenüber den Pilgern ist auch die Tatsache, daß an vielen Orten sich einfache, oft heiligmäßige Männer bereitfanden, für die Pilger die Straßen zu richten und Brücken zu bauen, wie z. B. in Burgos, wo 1079 ein gewisser Aleaume eine Brücke über den Arlanzon baute, oder 1120 zu Rabanal del Camino Eremiten den Pilgerweg unterhielten. Der hl.

Domingo de la Calzada, ein bewährter Ingenieur, dessen Arbeiten Kaiser Alfons VI. von Kastilien nach Eroberung der Rioja mit Interesse besichtigte, verlegte die Pilgerstraße von dem nach ihm benannten Ort ab weiter südlich auf weniger schwieriges Gelände über Burgos und baute in ihrem Verlauf u. a. eine Brücke über den stürmischen Ojafluß und errichtete dort ein Hospital für die Jakobspilger, ebenso wie im nahen León damals das berühmte riesige Pilgerhospital San Marcos entstand. Und Da. Mayor, Gattin König Sanchos d. Gr. von Navarra, ließ die großartige nach ihr benannte Puente de la Reina über den Arga bei der Einmündung der aus Frankreich über die Pyrenäenpässe von Jaca und Roncesvalles führenden Pilgerstraßen bauen. Dem Nutzen der Pilger dienten nicht zuletzt auch zahlreiche *Pilgerführer* in allen Sprachen, die ihnen nicht nur eingehend die Wege, ihre Gefahren und Unterkunftsmöglichkeiten in Klöstern und Pilgerherbergen beschrieben, sondern auch mancherlei andere wichtige Winke für ihre Pilgerfahrt gaben. Um 1140 war von Cluny ein derartiger Führer herausgegeben worden, der auch die zahlreichen Reliquien in den Wallfahrtsorten an den französischen Pilgerstraßen aufzeigte. Berühmt war das in Versform verfaßte Vademecum des Straßburger Servitenmönches Hermann Kuenig von Vach im 15. Jahrhundert, aus dem z. B. hervorging, daß die deutschen Pilger noch auf französischem Boden deutsche Herbergen fanden, in denen sie auch günstig ihr Geld wechseln konnten. Bis 1521 gab es bereits fünf Ausgaben dieses wichtigen Buches. Ein anderer bekannter Pilgerführer entstand in Einsiedeln, dem Sammelpunkt der Jakobspilger, die auf der „oberen Straße" gen Compostela zogen.

Einen weiteren Pilgerschutz stellten schließlich die von mächtigen Herren oder bei einfachen Wallfahrern von ihrem Pfarrer, Klöstern etc. ausgestellten *Empfehlungsschreiben* dar, die wir in zahlreichen Fällen finden.

Bei uns gingen die Santiago-Wallfahrten seit der Aufklärung stark zurück oder wurden aus staatspolitisch-finanziellen Gründen von den Fürsten – Kaiserin Maria Theresia z. B. verbot ihren Untertanen geradezu die Pilgerschaft nach Compostela – auf ihre nationalen bzw. lokalen Gnadenstätten umgeleitet.

VII Jacobus in Kunst, Literatur und Volksbrauchtum

Besonders reizvoll ist es, der Jacobusverehrung in Kunst und Literatur nachzugehen und die starken Einflüsse zu beobachten, die der demütige Pilgervater und sein Kult auch auf diesen Gebieten ausübte.

Wir sprechen hier bewußt nicht von der außerordentlichen *wirtschaftlichen* Bedeutung, die das Hereinströmen Hunderttausender von Pilgern, unter ihnen viele Kaufleute, auf die Volkswirtschaft der Länder an den Pilgerstraßen hatte und die in Spanien zur Gründung ganzer „Frankenviertel" in zahlreichen Orten an dem „Camino de Compostela" führte, so in Pamplona, Puente la Reina, Logroño, Nájera, Santo Domingo de la Calzada, Burgos u. a.

Die Straßen, die durch Frankreich zum Apostelgrab führten, bezeichneten vor allem den Weg, den die romanische Architektur und die epische *Dicht- und Liedkunst* seit dem 11. und 12. Jh. nahmen. Die Pilger sangen auf jenen Wegen Lieder in lateinischer oder ihrer heimischen Vulgärsprache. Eines der bekanntesten, im Codex Calixtinus verzeichnet, ist das des Herrn Sanktiagu mit deutsch-flämischem Text und Musik aus dem 12. Jh. Noch im 17. Jh. setzte man das Jakobslied der deutschen Pilger allgemein als bekannt voraus. – Spanien selber war im Mittelalter eines der fortgeschrittensten Länder Europas auf dem Gebiet der religiösen wie weltlichen Musik. Der Klerus von Compostela war vielfach in England und Frankreich gebildet, die Schule von St. Martial in Limoges mit der für mehrstimmige spanische Musik in Compostela eng verbunden. Und die Juglaren oder Troubadoure, unter ihnen im 14. und 15. Jh. erstaunlich viele deutsche Spielleute, trugen neben alten Heldengesängen immer mehr Stoffe auch religiösen Inhalts unter das Volk.

Die *Dichtkunst* fand an den Pilgerfahrten, sei es der sagenhaften Karls d. Gr., „des ersten Pilgers nach Santiago", sei es der tatsächlichen König Ludwigs VII. von Frankreich reiche Nahrung und poetischen Niederschlag. In der Chronik von Turpin ist Jacobus der Hauptheld, den Rolandsliedern begegnete man an den Pilgerstraßen allenthalben.

Literarisch tritt uns die Jacobuswallfahrt in Deutschland erstmals entgegen in dem 1230 Verse umfassenden Gedicht „Jakobsbrüder", verfaßt um 1350 in Straßburg von Kurz Kistener, das noch 1920 von A. Dietzenschmied zu einem Legendenspiel umgearbeitet wurde. Minnesänger wie der Wolkensteiner und in neuerer Zeit noch Uhland in seinen Pilgerliedern erinnern an die Jakobspilger. Auch in den oft derben Schwankdichtungen des 13. und 14. Jhs. spielte Jacobus häufig eine Rolle. – Zuletzt noch bearbeitete R. von Kralik in Österreich ehrfurchtsvoll die Jakobslegende.

Daneben war es vor allem die *Architektur*, die reiche wechselseitige Anregungen durch den Pilgerstrom empfing, wie es in vielen der nachfolgenden Bilder zu sprechendem Ausdruck kommt. Der Geist der Kluniazenser- und Zisterzienserbauten Burgunds ist an den Pilgerwegen nicht nur Frankreichs und Spaniens lebendig, und umgekehrt können wir häufig spanisch-maurische Detailarbeiten an den Kirchen nördlich der Pyrenäen feststellen. Die großen Wallfahrtskirchen, ob St. Jakob in Compostela, St.-Martin in Tours, St.-Martial in Limoges, Ste.-Foy in Conques, St.-Sernin von Toulouse – alle zwischen 1080 und 1130 entstanden – sind in vielem wesensverwandt.

In Compostela strömten so zahlreiche religiöse, künstlerische und folkloristische Elemente zusammen, ja entlang der Jakobswege häuften sich förmlich die kulturellen Anregungen!

Sie fanden nicht zuletzt auch in der *Bildenden Kunst*, in Malerei, Plastik und Glas, überreichen Ausdruck. Die Kirchen an den Wallfahrtsstraßen, ob Kathedralen oder kleine Feldkapellen, sind voll der bald prächtig-großartigen, bald demütig-bescheidenen Kunstwerke zu Ehren des „Maurentöters" hoch zu Roß mit wehendem Banner und gezücktem Schwert, oder des einfachen „Pilgervaters", mild, ehrwürdig und hilfsbereit, mit den manchmal wechselnden Attributen der Pilgertracht: Mantel mit breitem Muschelhut, Pilgertasche, mit langem Wanderstab und Flasche, oft dem Evangelienbuch, immer kenntlich an den angebrachten Pilgermuscheln der Jakobslegende. Es sei noch hingewiesen auf die köstlichen Schnitzwerke in der entlegenen Jakobskapelle von Rabenden (Chiemgau) um 1520, die unvergleichlichen Jacobusstatuen Leinbergers und Riemenschneiders in München, Rothenburg und Heidelberg, den schönen Herlin-Altar der Jakobskirche ebenfalls in Rothenburg, der Darstellungen des Apostels von der Meisterhand Grünewalds, Dürers oder P. Vischers, die Stiche und Fresken von Schongauer, Asam, Maulpertsch, Wink oder Zimmermann im 15. und 18. Jh., die großartigen Jacobusfiguren in Augsburg, Hamburg, Kalkar, Regensburg, Rohrdorf, die alten Wandmalereien in der Jodoks (Jakobs)-Kapelle von Überlingen, in Linz a. Rh. (um 1300) und vielen, vielen anderen allein in Deutschland. – Dazu die schlichten Jakobs-Brüdertafeln, wie in Peiting und Schongau, bis zu den einfältigen Gebets- und Andachtszetteln. Ganz zu schweigen von den zahlreichen, oft hochbedeutenden Jacobusfiguren unter den Apostel-(12 Boten-)Darstellungen deutscher Dome, Abtei- und Pfarrkirchen!

Wertvolle alte Glasmalereien in französischen und spanischen Kathedralen an den Pilgerstraßen, im Kreuzgang des Regensburger Domes (um 1520) und andere vermehren die Zahl bedeutender Kunstwerke um St. Jakob.

Manche *Wunderlegenden* um den Apostel gaben den auf den Pilgerstraßen so vielfach gefährdeten Wallfahrern Trost und Schutzgefühl. Wohl am bekanntesten jenes schon von Cäsarius v. Heisterbach übernommene, ursprünglich in Toulouse, dann endgültig in Santo Domingo de la Calzada lokalisierte Wunder des unschuldig wegen angeblichen Diebstahls von einem räuberischen Wirt angeklagten und dann zum Tode verurteilten *deutschen Pilgers*, der – vom hl. Jacobus am Galgen gestützt – vom Richter schließlich durch ein zweites Wunder: den von der Tafel des Richters auffliegenden gebratenen Hühnern, freigesprochen wurde; heute noch erinnern daran die weißen Hühner in der dortigen Kirche. Die Kunst hat sich dieser Legende im ganzen Abendland angenommen, und alte Glasmalereien französischer Künstler, Bilder bekannter italienischer Renaissancemeister wie Palmezzano und Lo Spagna in Forlí und Spoleto oder Altarbilder und Fresken in deutschen und Schweizer Kirchen, wie in den Dorfkirchen von Agathariedt (Miesbach) und Gielsdorf, der mächtigen Jakobuskirche von Rothenburg, der Deutschordenskirche von Winnenden und der von Überlingen mit seinem 1903 wieder entdeckten Zyklus von 12 Wandbildern der Jacobuslegende. – Auch die Volksliteratur bemächtigte sich dieses Stoffes und verbreitete ihn von Spanien (Katalonien), Italien und bis in die Täler Graubündens. Nach einer von mir im alten Welfensitz Peiting (Maria unter der Egg) festgestellten großen Bildtafel mit entsprechenden Spruchbändern (um 1600) sollen es Peitinger Wallfahrer (Vater und Sohn) gewesen sein, an denen sich das international verbreitete Wunder vollzog; heute wird dort gleichfalls noch ein alter Pilgerstab aufbewahrt.

Wie stark dies Wunder gerade im deutschen Raum sich auswirkte, zeigt auch ein heute im Innsbrucker Ferdinandeum befindliches spätgotisches Holzrelief um 1500 mit der Darstellung des gehängten deutschen Pilgers aus der schon erwähnten Jakobskapelle in der Leutaschklamm an der bayerischen Grenze. Die Wandersage wird in Tirol auf den Sohn des Bauern auf der Plaiken (nahe der genannten Kapelle) bezogen; seine Errettung durch St. Jakob hat dort den Anlaß zur Entstehung des Jacobus-Wallfahrtskirchleins gegeben.

Ganz eigenartig die in einer einzigen mittelalterlichen Handschrift – jetzt im Britischen Museum in London – erhaltene und bis vor kurzem unbeachtet gebliebene, auch kulturhistorisch hochinteressante *Fegfeuer-Vision* um 1130 des fränkischen Edlen Heinrich von Ahorn, Bruders des Bischofs Burchard II. von Worms (1115-49). Sie wurde aufgezeichnet von einem Zeitgenossen Ahorns und beschreibt – 200 Jahre vor Dante (!) – wie der genannte Ritter wegen Nichterfüllung des Gelübdes einer Wallfahrt nach Compostela in schwere Krankheit gefallen und in ihr zu den „Stätten der Qualen“ entrückt worden sei. Anstelle Virgils bei Dante wurde er vom hl. Jacobus durch die Unterwelt geleitet und aus den Schrecken des Fegfeuers heil herausgeführt, zuletzt auch durch den Apostel von seinem schweren Siechtum erlöst. Unmittelbar darauf habe er dann seine versäumte Wallfahrt nach Compostela angetreten. –

Im *Volksbrauchtum* schließlich beobachten wir noch heute mancherlei Erinnerungen an den Jakobuskult, der im Volksleben einst so tiefe Wurzeln schlug. Neben den als ersten im Jahr gereiften und geweihten Jakobsäpfeln, mehreren Pflanzennamen und Jacobus als Wetterpatron (Bistum Eichstätt) zeugen in der Schweiz und anderswo eigene alte *Pilgerspiele*, *Schützenbruderschaften* wie im salzburgischen Thurn, und bei uns mehrfach noch in Kraft stehende *Jakobimärkte* und -dulten von der engen Verbindung zwischen Kirchenkult und Volksleben. Berühmt vor allem die große, in älteste Zeiten zurückreichende, mit einem 1257 von Papst Alexander IV. der Jakobskirche am Anger zu München verliehenen Ablaß (Indult) zusammenhängende Jakobidult, die in den Ratsprotokollen seit 1454 ständig auftaucht und seit der Erbauung der Kirche im 13. Jh. bis heute der Hauptmarkt Münchens wurde, ja mit seiner Mischung von Kirchenfest und weltlichem Handelsplatz um 1500 geradezu den Charakter einer süddeutschen Großhandelsmesse mit bis zu 60000 Besuchern von fern und nah annahm. Interessant die Tatsache, daß aus den stattlichen, durch den Pilgerverkehr eingehenden Geldersummen die Stadt München ihren heute noch vorhandenen Waldbesitz (Forst Kasten) zur Finanzierung des Hl.-Geist-Spitals ankaufen konnte. – Ähnliche Jakobsmärkte kennen wir auch aus Rothenburg, Schwäbisch Hall und Chemnitz mit ihren stattlichen Jakobskirchen und Patronaten. Auch das Tänzelfest der Kaufbeurener Kinder in der Jacobuswoche und die alten feierlichen Pilgerfahrten aus weiter Umgebung zu der von dem Onkel Kaiser Friedrichs I. und bekannten Geschichtsschreibers Bischof Otto von Freising 1143 eingeweihten Jakobskirche am Jakobsweiher zu Polling gehören hierher, während die heutige Jakobi-Kirchweih in der Jakobsvorstadt an der Jakobskirche zu Augsburg offensichtlich neueren, nicht religiösen Ursprungs ist.

So schuf die Jacobus-Wallfahrt mit ihren gewaltigen Auswirkungen auf Recht und Gottesfrieden, Musik, Architektur und bildende Kunst, Caritas und Gottesglauben, Handel und Verkehr, Naturverbundenheit und Länderkunde eine die Völker des ganzen Abendlandes verbindende Fülle gemeinsamer Anregungen, Erkenntnisse und Bindungen. Möchte man sich heute, da weiteste Kreise einen engeren Zusammenschluß des westlichen Europas als dringende Notwendigkeit betrachten, der völkerumfassenden Verehrung St. Jakobs wieder erinnern!

Vera und Hellmut Hell

Zur Geschichte der Reliquien

Man hat sich seit etwa hundert Jahren von vielen Seiten bemüht, die Legenden von den Schicksalen der Gebeine des hl. Jacobus auf dem Wege wissenschaftlicher Forschung zu bestätigen und ihren Weg von Palästina nach Spanien zu verfolgen. Da aber von dem Todesjahr des Apostels bis ins 8. Jh. praktisch keine schriftlichen Nachrichten existieren, bestand die Diskussion im wesentlichen darin, die Wahrscheinlichkeit der verschiedenen Theorien gegeneinander abzuwägen. Die Grabungen in Santiago haben bemerkenswerte Erkenntnisse gebracht (E. Kirschbaum, Die Grabungen unter der Kathedrale von Santiago de Compostela in „Römische Quartalschrift für christliche Altertumskunde und Kirchengeschichte", Band 56, Heft 3/4, 1961) und sind noch nicht abgeschlossen; in einem ähnlichen Stadium befindet sich die Quellenforschung. *Hier sei auf die vorzügliche Zusammenfassung aller bisherigen Ergebnisse und Theorien von José Guerra, Notas criticas sobre el origen del culto sepulcral a Santiago en Compostela, in „La Ciencia Tomista", Salamanca, 1961, hingewiesen.* Da es also gilt, noch andere Blickpunkte auf dieses Problem zu gewinnen, mögen im folgenden einige Beobachtungen aus dem Bereich der Kunstgeschichte notiert werden, die zwar selbst noch nicht eine Hypothese, geschweige denn eine Beweisführung erlauben, aber als Anregung zu Untersuchungen dienen könnten.

Als das Todesjahr des Jacobus ist mit ziemlicher Sicherheit das Jahr 44 anzunehmen, wo er unter Herodes Agrippa I. in Jerusalem hingerichtet wurde (Apostelgeschichte 12, 2). Sein erstes Grab dürfte sich also wohl bei Jerusalem befunden haben. Im Jahre 614 besetzten die Perser die byzantinischen Gebiete in Syrien und Palästina, und manche Forscher (Tillemont) vermuten, daß damals der Körper des Jacobus nach Galicien gebracht wurde, ein anderer (Gams) hingegen nimmt an, daß die Translation schon im 6. Jh. zu Zeiten des Kaisers Justinian geschah, der die Gebeine dem Kloster Raithiu auf der Halbinsel Sinai schenkte. Andererseits wird durch einige Chronisten des 8.–12. Jhs. (z. B. das Breviarium Apostolorum) als Bestattungsort „Achaia Marmorica" (mit Varianten der Schreibweise) genannt. Dieser Name konnte bisher noch mit keiner bekannten Stadt oder Stätte einleuchtend identifiziert werden.

In der Chorapsis des Katharinenklosters auf dem Sinai haben sich Mosaiken aus dem 6. Jh. mit folgendem Programm erhalten: in der Mitte Christus stehend in einer Mandorla, zu seiner Linken Elias, darunter der kniende Johannes Ev.; zu seiner Rechten Moses, darunter der kniende Jacobus; unter Christus der kleiner als die Seitenfiguren dargestellte, liegende Petrus. In der südlichen Chorkapelle derselben Kirche finden sich Wandmalereien mit folgenden Figuren: in der Mitte Christus, von links nach rechts: Jacobus, Chrysostomos, Maria, Basilius und Moses. Zweimal wird also in dem frühen Bildprogramm der Kirche der Apostel Jacobus dargestellt. Die Gestalten sind durch Beischriften identifiziert. Daß nicht etwa Jacobus d. J. gemeint sein könnte, wird bei dem Mosaik durch die auch anderwärts bekannte Gegenüberstellung mit Johannes Ev., dem Bruder, angedeutet.

(Die Treppe zur Klosterkirche trägt die große Inschrift „*ΙΑΚΩΒΟΣ*"; ihr Alter bzw. ihre Tradition konnte aber nicht festgestellt werden.)

Die heutige Katharinenkirche wurde nach einer erhaltenen Bauinschrift von Justinian nach dem Tode der Theodora (548) erbaut und war beim Tode des Kaisers (565) vollendet. Sie war Maria und der Verklärung Christi geweiht; ihren heutigen Namen erhielt sie erst im hohen Mittelalter, als man die zwischen dem 7. und 9. Jh. aufgefundenen Reliquien der Katharina vom sog. Gebel Katerina in die Kirche überführt hatte. Justinian hatte das Kloster zum Schutz gegen die kriegerischen Beduinen und Sarazenen als Festung erbauen lassen (so nach Eutychios und Prokop), vielleicht auch mit dem Gedanken, hier eine Grenzfeste zu besitzen. Übrigens war der Kaiser mit der taktisch ungünstigen Anlage im Tal unterhalb hoher Felsen offenbar unzufrieden, denn er ließ den Architekten hinrichten. Zweihundert römische und ägyptische Soldaten wurden zum Schutz des Klosters in der Nähe angesiedelt. Damals gab es im südlichen Sinai noch zwei weitere bedeutende Mönchssiedlungen: das Kloster in Raithiu, dessen genaue Lage heute nicht mehr bekannt ist, und die Bischofsstadt Pharan. Von Raithiu nimmt man an, daß es in der Nähe von Tor oder, wahrscheinlicher, bei dem heutigen Gharandel lag; von Pharan haben sich geringe Ruinen erhalten.

Noch vor dem Bau des Katharinenklosters ließ der Kaiser in Raithiu ein neues Kloster errichten, und es wäre nicht unwahrscheinlich, daß er, wie Gams vermutet, diesem Kloster die Gebeine schenkte. Nun lag das Kloster jedenfalls nicht weit entfernt vom Roten Meer und wurde wiederholt von Seeräubern angegriffen, geplündert und zerstört. Es wäre deshalb auch vorstellbar, daß man nach dem Bau des Katharinenklosters diesen kostbaren Reliquienbesitz aus Sicherheitsgründen dorthin transferiert hätte. Natürlich könnte man mit fast gleicher Wahrscheinlichkeit annehmen, daß der Körper von Jerusalem direkt dorthin überführt worden ist. Das Apsismosaik und die Fresken der Südkapelle könnten auf den Besitz hinweisen.

Etwa seit dem Jahre 640 hatte auch das Katharinenkloster unter den Angriffen der Mohammedaner zu leiden; die Mönche mußten wiederholt ihre Wohnstätte verlassen, und es wäre natürlich, wenn sie sich nach einer sichereren Bleibe für ihre Reliquien umgesehen hätten. Innerhalb Ägyptens kam dafür eigentlich nur das Menaskloster in der Mareotiswüste bei Alexandria in Frage. Es lag in der Nähe des Meeres und besaß einen eigenen Hafen, der befestigt war, ebenso wie die Verbindungsstraße zum Kloster. Außerdem waren hier etwa 1200 Soldaten zum Schutze stationiert. Diese Anlage mit ihrer Kirche über dem Grab des hl. Menas war der bedeutendste Gnadenort des christlichen Ägyptens und hatte vielfache Verbindungen und Beziehungen mit dem Abendland. So kamen Mönche von dort hierher zur Ausbildung, wie auch viele abendländische Pilger auf dem Wege nach Jerusalem und zum Katharinenkloster hier Station machten. Die Hauptkirche wurde unter Arkadius erbaut und unter Timotheus (457–77) vergrößert. Durch eine wundertätige Quelle (gegen Augenkrankheiten) entwickelte sich bald eine Pilgerstadt, von der die Chronisten immer wieder als Marmorstadt sprechen. Wäre es ausgeschlossen, die Menas-Stadt mit dem erwähnten Achaia Marmorica zu identifizieren? Auch die Schreibweise Marmarica würde erklärt sein, da die Landschaft westlich der Menasstadt im Altertum bekanntlich so hieß. Unter dem Patriarchen Joseph (831–849) erlebte das Heiligtum seine erste Zerstörung, bestand aber bis ins 13. Jh. Nun wurden in der Nähe des Katharinenklosters zwischen dem 7. und 9. Jh. der Legende nach die Reliquien der hl. Katharina von Alexandria gefunden; die wunderbaren Umstände dabei ähneln denen, von denen in Santiago berichtet wird, besonders wird die Sternenstraße erwähnt, die zum Fundort führte. In dem erwähnten Zusammenhang möchte man annehmen, daß dies erst nach dem „Verlust“ der Jacobusreliquien stattfand.

Die wunderbare Auffindung der Jacobusreliquien im heutigen Santiago geschah im ersten Viertel des 9. Jhs., (zur Regierungszeit Alfonsos II. 791–842, vor dem Jahre 824) in einer Zeit, als das Menasheiligtum noch nicht zum erstenmal zerstört worden war, aber doch wohl schon um seinen Bestand besorgt sein mußte. Man kann also vermuten, daß die Jacobusreliquien spätestens im frühen 9. Jh. nach Galicien überführt wurden. Möglich wäre auch, daß dies schon vor 711 geschah (dem Eindringen der Araber in Spanien), dagegen unwahrscheinlich während der islamischen Überflutung der iberischen Halbinsel. Erst im frühen 9. Jh. hatte das asturische Königtum in Nordspanien eine gewisse Stabilität erreicht, und die Hoffnung auf Wiedereroberung des ganzen Landes konnte sich festigen. Für die spätere Möglichkeit spricht, daß die Erwähnungen von Achaia Marmarica als Begräbnisort aus dem 8. Jh. stammen. Daß dieser Name bis zum 12. Jh. noch auftaucht, kann als Übernahme dieser ersten Nachrichten erklärt werden. Von Ägypten aus war die Seeroute nach Spanien gut bekannt, und auf dem Wege nach Irland, wo sich in dieser Zeit nachweislich koptische Klostergründungen befanden, kam man an der Westküste Spaniens und Galiciens vorbei. Iria Flavia an der Ullamündung dürfte den Seefahrern jener Zeit gut bekannt gewesen sein.

Es sei hier an die Nonne Aetheria (Egeria) aus Galicien erinnert, die um das Jahr 400 das Katharinenkloster besuchte und deren lateinisch geschriebener Reisebericht sich 1889 in einer italienischen Klosterbibliothek fand. Sie erwähnt keine Reliquien, aber damals waren die Klöster des Justinian auf dem Sinai auch noch nicht erbaut.

Will man einen solchen Weg der Reliquien über das koptische Menasheiligtum annehmen, so lassen sich manche typische Formen des Jacobuskultes besser als bisher erklären. So könnte die Darstellung des Jacobus als Matamoros zu Pferde, – die sich, im Gegensatz zu anderer Ansicht, sicher nicht ausreichend mit dem Wunsch erklären läßt, dem reitenden Mohammed einen mindestens gleichwertigen Gegner entgegenzusetzen – in Zusammenhang mit den koptischen Reiterheiligen stehen, wie sie in zahlreichen Darstellungen bekannt sind. Daß in Spanien auch andere Heilige zu Reitern werden und ebenfalls als Matamoros dargestellt werden, dürfte wohl auf das Vorbild von Santiago zurückgehen. Die derartigen Darstellungen des hl. Aemilianus und des hl. Isidor beginnen erst im späten 16. Jh., also zur Zeit der Gegenreformation.

Interessant ist, daß die Matamorosdarstellung nur auf Spanien und die spanisch beeinflußten Gebiete beschränkt ist. Sie fand im übrigen Europa keinen Eingang und tritt in Deutschland nur vereinzelt auf, so z.B. bei Schongauer und Zimmermann.

Auch das Muschelsymbol findet sich in den frühen koptischen Kirchen auffallend häufig (z. B. Sohâg, Hermopolis). Während die Muschel als dekorative Form direkt aus dem Hellenismus übernommen werden konnte, mußte ihr Symbolgehalt geändert werden; dies ist aber im koptischen Bereich offenbar schon sehr früh geschehen. *Nach der mittelalterlichen Legende wurde sie in den Jacobuskult einbezogen, weil ein Ritter, der den Jüngern des Jacobus folgte, nach dem Durchqueren eines Meeresarmes samt seinem Pferd über und über mit Muscheln bedeckt war. Vielleicht mag sich auch in dieser Legende eine gewisse Erinnerung an die koptischen Reiterheiligen erhalten haben. Der wissenschaftliche Name der Pilgermuschel lautet pecten jacobaeus.*

Auch auf dem Gebiet der Architektur gibt es Verbindungen. Der Grundriß der Arcadiusbasilika in der Menasstadt hat eine auffallende Ähnlichkeit mit dem der Kathedrale von Santiago. In Ägypten wurde im 5. Jh. hier zum erstenmal ein dreischiffiges Langhaus mit einem dreischiffigen, weit vorspringenden Querhaus verbunden, der ideale Grundriß einer Pilgerkirche, die nicht nur zeitweise große Menschenmassen aufzunehmen hatte, sondern ihnen auch einen liturgischen Umgang ermöglichen mußte; wir finden diesen Grundriß an den großen Märtyrerkirchen der Pilgerstraßen in Frankreich und Spanien, so in St.-Martin in Tours, St.-Sernin in Toulouse, St.-Remi in Reims, St.-Martial in Limoges, Ste.-Foy in Conques, um die bedeutendsten zu nennen.

In der Jacobuskirche in Jerusalem verehrt man die Stätte der Hinrichtung von Jacobus d. Ae. wie auch das Grab und den Bischofsstuhl von Jacobus, dem ersten Bischof. Diese Kirche wurde im 12. Jh. errichtet und zwar an der

Stelle eines Menasheiligtums, das hier seit dem 5. Jh. bestanden hatte. Noch heute findet man neben der Kapelle des Jacobus an der linken Schiffswand eine andere, die Menas geweiht ist. Auch zeigt man in einem Pfeiler der Kirche einen Stein vom Sinai. Es dürfte nicht ohne Bedeutung sein, daß man in dieser Kirche, der einzigen Erinnerungsstätte an Jacobus d. Ae. in Jerusalem, Jakobus- und Menaskult vereinte und die Gläubigen auf den Sinai verwies.

Die drei Persönlichkeiten mit dem Namen Jacobus (1. Jacobus d. Ae., Sohn des Zebedäus und Bruder von Johannes Ev., 2. Jacobus d. J., Sohn des Alphäus, 3. Jacobus, der Bruder Christi, erster Bischof von Jerusalem), die im Neuen Testament erwähnt werden, wurden schon seit früher Zeit oft verwechselt. Die volkstümliche Redensart „der wahre Jakob" ist zweifellos noch eine Erinnerung an die Unklarheit, die bei den Pilgern entstehen mußte, wenn sie auf dem Weg nach Santiago ein zweites Grab in Toulouse antrafen. Vielleicht steht auch das alte Kinderspiel „Jakob, wo bist Du?" in Zusammenhang mit der Frage.

Will man annehmen, daß die Verwechslung der drei Jacobuspersönlichkeiten schon in den ersten Jahrhunderten begann, wäre mit allem Vorbehalt auch auf das Bestehen einer Jacobustradition in Ägypten hinzuweisen, wie sie in den Manuskripten von Nag Hamadi angedeutet wird, die Ende des 4. oder Anfang des 5. Jhs. entstanden sein dürften. In dem sogenannten Evangelium des Thomas erscheint Jacobus als der von Christus eingesetzte Nachfolger. Natürlich ist damit der erste Bischof und Bruder Christi gemeint, man könnte aber unterstellen, daß hier vielleicht schon durch Verwechslungen der erste Grund zu den späteren Ansprüchen Santiagos auf Unabhängigkeit von Rom zu suchen ist.

Der Weg der Reliquien von Jerusalem nach Santiago könnte also, wenn sich solche Beobachtungen wie die angedeuteten weiter bestätigen lassen, über den Sinai und die Menasstadt geführt haben. Als Zeit der Überführung nach Spanien kann in diesem Sinne am wahrscheinlichsten das frühe 9. Jh. gelten, also kurz vor dem Bau der ersten Kirche unter Alfonso II. in Santiago.

Für ein früheres Datum der Translatio, also vor der islamischen Überflutung Spaniens, spricht zunächst die Tatsache, daß es auf den britischen Inseln und auch in Frankreich und Spanien schon im 7. und 8. Jh. einen Jacobuskult gab; der Apostel war Patron zahlreicher Kirchen, und an mehreren Orten wurden auch Reliquien verehrt. Ein solcher Kult kann die Folge einer Reliquienübertragung sein, ebenso umgekehrt den Anlaß zu einer Translation bilden. Wenn man daher die Möglichkeit einbeziehen will, daß die Gebeine des Heiligen damals im koptischen Raum beigesetzt waren, wird man gleichzeitig zugeben müssen, daß dann in den koptischen Klöstern in Irland der Ausgangspunkt dieses frühen Kultes zu vermuten ist. Von irischkoptischen Mönchen könnten die Voraussetzungen geschaffen worden sein, unter denen Beatus von Liebana den asturischen Königshof für die aktive Verehrung des Apostels gewinnen konnte. Wenn der starke Wunsch einmal bestand, die Reliquien bzw. den Corpus im eigenen Land verehren zu können, wäre eine Translatio die natürliche Folge. Und erst nachdem Jacobus damit Heimatrecht in Spanien bekommen hatte, konnte man in ihm den Nationalheiligen und Kämpfer gegen den Landesfeind sehen. Die Tatsache eines frühen Jacobuskultes braucht jedenfalls der Annahme eines späten Datums für die Translation nicht zu widersprechen.

Der tatsächliche Vorgang kann wohl erst erkannt werden, wenn neue Erkenntnisse vorliegen, sei es durch Grabungen wie in Santiago und in der Menasstadt, sei es durch das Auffinden und die Auswertung schriftlicher Urkunden wie beispielsweise in der Bibliothek des Katharinenklosters.

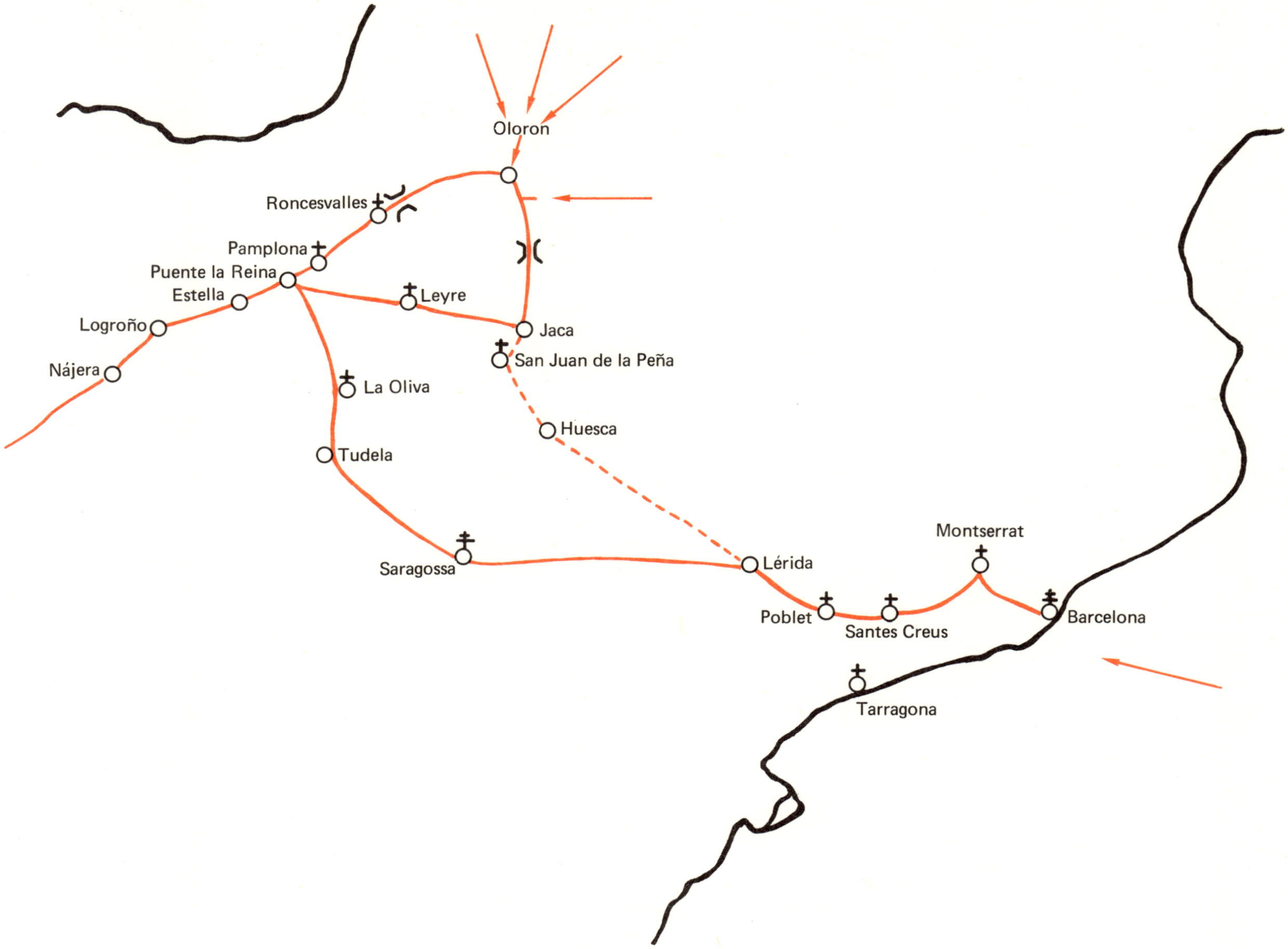

Die südliche Anschlußroute durch Aragonien

Die aus dem Südosten zu Schiff über das Mittelmeer kommenden Pilger – manche verbanden die Romfahrt mit der nach Santiago, waren in Venedig oder Genua an Bord gegangen oder kamen aus den noch weiter östlichen Ländern – betraten in Barcelona spanischen Boden, bzw. in der frühen Zeit den des Königreichs Aragón. Sie besuchten die Klöster Montserrat, Santes Creus, Poblet und erreichten über Lérida die Hauptstadt des Landes, Saragossa (Caesaraugusta), in der, der Legende nach, am 2. Januar des Jahres 40 die Muttergottes dem Jakobus erschienen war und ihm eine Säule überreicht hatte. Diese Säule ist heute noch das Ziel der Wallfahrer, und die Kirche Nuestra Señora del Pilar das Zentrum der Marienverehrung Spaniens. Unzählige Frauen tragen den Vornamen Pilar.

Die Pilger erreichten über Tudela und das Kloster La Oliva, nun schon in Navarra, den Ort Puente la Reina, wo sie sich mit den aus Frankreich über die Pässe von Roncesvalles und Somport kommenden Santiagowallfahrern vereinigten und mit ihnen auf der „Straße der Könige" weiterzogen. Die Stelle ist heute durch eine moderne Pilgerstatue gekennzeichnet.
Im Verlauf der Entwicklung der Detailforschung stellte sich auch bei der Straße durch Aragonien heraus, daß der Verlauf nicht ganz so eindeutig und einfach wiederzugeben ist, wie es in früheren Quellen beschrieben worden war; es gibt Alternativstrecken, etwa über Huesca und das Höhlenkloster San Juan de la Peña, auch die wechselnde politische Lage hat wohl Abweichungen zur Folge gehabt. Der heutige Pilger wird aber gerade auf den hier erwähnten Strecken eine unerwartete Anzahl erst in letzter Zeit gut restaurierter Denkmäler vorfinden.

Farbbild rechte Seite: *Tavant, Friedhofskirche* – Wandmalerei in der Krypta

Die Pilger, die die nördliche Straße durch Frankreich entlangzogen, besuchten auf dem Wege von Tours nach Poitiers die kleine Kirche von Tavant, deren Chor und Krypta in der ersten Hälfte des 12. Jhs. mit Wandmalereien ausgeschmückt worden sind. In skizzenartiger Zeichnung sehen wir in der Krypta Personen aus der Bibel und allegorische Bilder; den größten Eindruck aber macht auf den heutigen Besucher die Darstellung eines bärtigen Pilgers aus der damaligen Zeit. Er hat ein kittelartiges Gewand an, lange Hosen, den charakteristischen, hochgeschlagenen Hut. Ein Brotbeutel hängt an seiner Seite, und in einer Hand hält er den Pilgerstab, in der anderen einen Palmzweig. (Der Palmzweig, einst das Siegeszeichen des Märtyrers über den Tod, wurde zum Kennzeichen des zurückkehrenden Jerusalempilgers, während der Santiagopilger Muscheln trug. Von diesem Attribut abgesehen, dürfen wir uns aber auch diesen so vorstellen, wie es die frühe Darstellung andeutet.)

1 *Jakobus; Buchmalerei aus dem Liber Sancti Jacobi*
Der Apostel ist in einem reichen Gewand dargestellt, in der linken Hand das Buch als Zeichen seiner Evangelistentätigkeit, die rechte zum Segensgestus erhoben. Erst bei späteren Darstellungen wurde es üblich, ihn selbst im Gewand der Pilger erscheinen zu lassen, mit einem weiten Rock, langem Kragen, Pilgerstab, Reisetasche, Wasserflasche und dem hochgeschlagenen Hut, an dem eine Muschel befestigt ist. Gelegentlich hat er auch ein Schwert als Attribut, das darauf hinweist, daß er im Jahre 44 unter Herodes Agrippa I. in Jerusalem enthauptet wurde.
Das wertvollste Buch der Bibliothek der Kathedrale von Santiago ist der Liber Sancti Jacobi oder der „Codex Calixtinus", fälschlicherweise durch ein später angefügtes Vorwort dem Papst Calixtus II. zugeschrieben. Es wurde wahrscheinlich kurz nach der Mitte des 12. Jhs. verfaßt und 1172 oder 1173 von dem Mönch Arnoldo da Monte aus der Abtei Ripoll kopiert; die Frage seiner eigenen Autorschaft ist nicht mit Sicherheit geklärt worden. Die fünf Teile, aus denen es besteht, scheinen die Resultate früherer Zusammentragungen zu sein.
Das 1. Buch enthält in 31 Kapiteln eine Auswahl von Gebeten und Homilien.
Das 2. Buch berichtet von 22 Wundern des Apostels und enthält verschiedene Legenden.
Das 3. Buch ist das Buch der Translation, so daß die Bücher 1–3 eine Art offizielles Lexikon des Jakobuskultes darstellen.
Das 4. Buch, der sogenannte Pseudo-Turpin, berichtet von dem Leben Karls des Großen; ein Werk, das selbst als Autor den Erzbischof Turpin nennt, das aber nach den Angaben von Forschern wie Gaston Paris von verschiedenen Autoren stammt, und dessen einzelne Kapitel in der Zeit vom Anfang des elften bis zur Mitte des zwölften Jahrhunderts geschrieben wurden. Ein anderer Forscher, Buchner, schreibt es dem Kanzler Friedrichs I., Rainald von Dassel, zu und nimmt an, daß dieser es 1165 anläßlich der Heiligsprechung Karls des Großen verfaßt habe.
Das 5. Buch enthält den Reiseführer für die Pilger mit genauer Angabe der Wege und Orte, ferner die Passion des hl. Eutropius und die Wunder des Jakobus, soweit sie nicht schon im zweiten Buch enthalten sind. Da besonders eine Reihe von Orten im westlichen Frankreich sehr genau beschrieben wird, kann man annehmen, daß der Autor ein Franzose war, der aus der Gegend des Poitou oder der Saintonge stammte. Es wurde Aimery Picaud aus Parthenay-le-Vieux vorgeschlagen, der mit einer Ginberga Flandensis (Gerberga von Flandern) nach Santiago wallfahrtete, wo diese das Buch der Kathedrale stiftete. Buchner denkt an den sogenannten „Archipoeten", der mit Rainald von Dassel in Verbindung stand. Da man im 17. Jh. an dem Pseudo-Turpin Anstoß nahm und ihn aus dem Gesamtwerk herauslöste, rückte das 5. Buch an die Stelle des 4. auf. Es ist beabsichtigt, die beiden Bände wieder zu einem zusammenzubinden.

2 *Pilgergruppe; Burgos, Holzrelief im Hospital del Rey*
Das Hospital wurde im 12. Jh. von Alfons VIII. gegründet und unter Karl V. im 16. Jh. neu erbaut, um den Erfordernissen der Renaissancezeit zu genügen. Es war nach den Reiseaufzeichnungen des Hermannus Künig von Vach (15. Jh.) eines der 32 (oder nach denen des P. Florez eines der 25) Krankenhäuser der Stadt, ein Hinweis auf die ungeheuer große Zahl der Pilger, die durch Burgos zogen. Die hölzernen Reliefs an dem Kirchenportal zeigen links Jakobus als Fürbitter, rechts *Pilger auf dem Weg*, darunter ein nackter Pilger, der eine besonders strenge Form der mittelalterlichen Sühnewallfahrten auf sich genommen hat. Die Reliefs sind im 16. Jh. entstanden (vgl. dazu auch Nr. 127).

3 *„Rue Charlemagne" in Conques*
In den Schluchten der Ouche in der Auvergne liegt weltabgelegen das kleine Dorf Conques, in dem sich die einstmals hochberühmte Abtei der Ste. Foy (deutsch Fides oder hl. Getreu) befindet. Schon im 4. Jh. wurde hier eine Kirche gegründet, aber erst um 880, als durch List die Reliquien der Heiligen aus Agen hierher gelangt waren, wurde Conques zu einer der bedeutendsten Stationen der Pilger in Frankreich (vgl. a. Nr. 44–47).
Die schmale und steile Straße, auf der die Pilger vom Tal herauf zum Stadttor Porte du Barry zogen, hat sich noch mit einer alten Pflasterung erhalten und führt den Namen „Rue Charlemagne", wahrscheinlich in Anlehnung an eine Legende, die von einer Neugründung der Abtei durch Karl den Großen berichtet.

4 *Zwei Miniaturen aus dem Pseudo-Turpin*
(Vgl. dazu auch die Erläuterungen zu Bild 1)
Diese beiden Miniaturen aus der zweiten Hälfte des 12. Jhs. zeigen den Auszug Kaiser Karls und seiner Ritter aus Aachen, darunter den Aufbruch seiner Söhne. Die Kreuze auf Krone und Helmen kennzeichnen sie als Kämpfer im Namen Christi gegen die Ungläubigen.
Die Inschrift der oberen Miniatur lautet: „Karoli magni... exercitus" (das Heer Karls des Großen). Ob zwischen „magni" und „exercitus" noch ein Wort stand, ist zweifelhaft.
Die Inschrift der unteren Miniatur heißt „Aquisgranum oppidum" (= Aachen).
Eine dritte, ikonographisch besonders interessante Miniatur stellt dar, wie dem schlafenden Kaiser im Traum der Stern erscheint, dem er nach Compostela folgen wird, deutlich in Anlehnung an die Szene der Erscheinung des Sterns von Bethlehem bei den Drei Weisen. Leider ist das Bild weitgehend zerstört.

5 *Straße bei Cirauqui*
Die Fahrstraße führt heute um den Hügel herum, auf dem das Städtchen Cirauqui liegt. Der Pilgerweg dagegen stieg steil zum Stadttor an, durchquerte den Ort und folgte dann ein Stück einer gepflasterten, gradlinigen Straße, die bisher als römisch angesehen wurde. Neuerdings wurde diese Datierung in Zweifel gezogen.

6 *Calixtus-Kodex*, Santiago,
fol. 163 r (Beginn des 4. Buches)

Übersetzung
(Die späteren Zusätze sind meist übergangen. Einfügungen des Übersetzers stehen in Klammern.)

HIER BEGINNT DAS VIERTE BUCH DES HL. APOSTELS JAKOBUS.

Inhaltsangabe des seligen Papstes Calixtus

(Vorbemerkung:) Wenn der kundige Leser in unserem Buche die Wahrheit sucht: den Blättern dieses Bandes kann sie bedenkenlos und ohne Sorge entnommen werden. Was nämlich hier geschrieben ist, bezeugen viele, die noch leben, als wahr.

Kapitel 1	Die Pilgerstraßen nach Santiago.
Kapitel 2	Die Tagesstrecken der apostolischen Straße (in Spanien).
Kapitel 3	Die Namen der an der Wallfahrtsstraße gelegenen Orte.
Kapitel 4	Die drei großen Pilgerhospize (Jerusalem, Großer St. Bernhard, Col de Somport/Pyrenäen) der Welt.
Kapitel 5	Von den Namen der Jakobus-Pilger.
Kapitel 6	Die schlechten und guten Wasser der Wallfahrtstrecke.
Kapitel 7	Die Beschaffenheit der Länder und Völker, welche die Pilgerstraße berührt.
Kapitel 8	Von den Reliquienstätten, die auf dem Weg zu besuchen sind, und über das Martyrium des hl. Eutropius.
Kapitel 9	Die Beschaffenheit von Stadt und Kirche Santiago.
Kapitel 10	Die verschiedenen Opfergaben, die man auf dem Altar des hl. Jakobus darbringt.
Kapitel 11	Über die würdige Aufnahme der Santiago-Pilger.

Erstes Kapitel.

Vier Wege gibt es, die nach Santiago führen und sich bei Puente la Reina (Navarra) in Spanien zu einem vereinigen: Einer führt über St.-Gilles-du-Gard, Montpellier, Toulouse und den Paß von Somport; ein zweiter über Notre-Dame von Le Puy, Ste.-Foy von Conques und über St.-Pierre von Moissac; ein weiterer über Ste.-Madeleine von Vézelay, über St.-Léonard im Limousin und die Stadt Périgueux; der letzte schließlich über St.-Martin von Tours, St.-Hilaire von Poitiers, St.-Jean-d'Angély. St.-Eutrope von Saintes und die Stadt Bordeaux . . .

7 *Straße am Cantalpaß*
Auf dem Wege von Clermont-Ferrand nach Conques zogen die Pilger durch das Cantalgebirge, eine der romantischsten Landschaften Frankreichs. Von der Paßhöhe (1858 m) hat man einen weiten Blick in die Auvergne mit ihren zahlreichen vulkanischen Erhebungen.

8 *Jakobus* an der Capilla de Santiago in der Kathedrale von Burgos. An dem Gitter, das die Santiagokapelle vom Chorumgang trennt, ist Jakobus als Maurentöter (Matamoros) dargestellt. Hoch zu Roß, im Gewande der Pilger, triumphiert er über einen unterlegenen Sarazenen, eine Darstellung, die im späteren Mittelalter und in der Neuzeit sehr beliebt wurde. Schon der Sieg König Ramiros I. über die Mauren bei Clavijo (843 bzw. 844) wurde auf das persönliche Eingreifen des Apostels zurückgeführt.
Die Kapelle in Burgos entstand 1524–34.

I

2

3

4

5 ▸

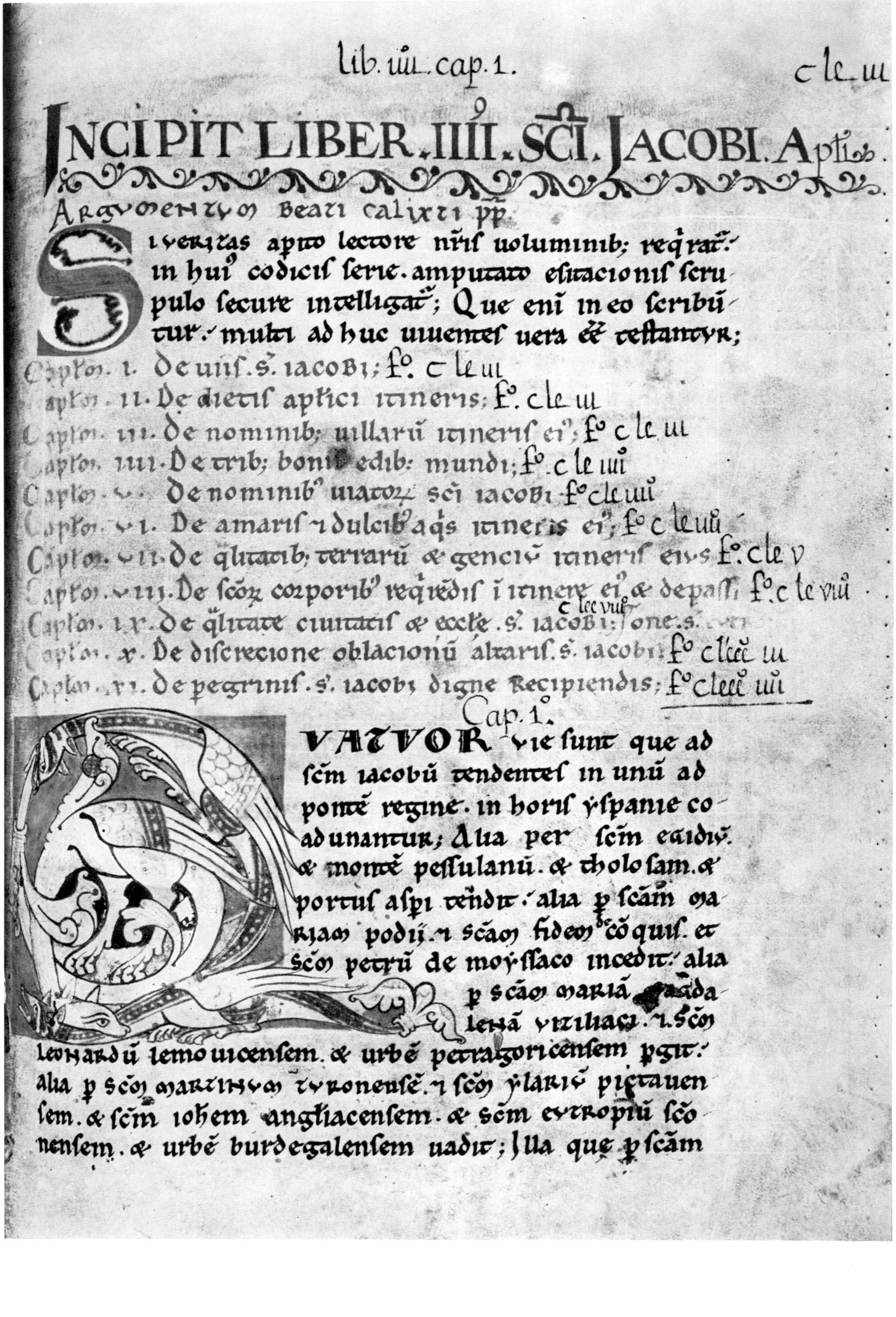
lib. iiii. cap. 1. c le iii

INCIPIT LIBER. IIII. SCI. JACOBI. Aptli.

Argumentum beati calixti pp.

Si ueritas apto lectore nris uoluminib; reqratur: in hui9 codicis serie. amputato esitacionis scrupulo secure intelligatur; Que eni in eo scribuntur: multi ad huc uiuentes uera ee testantur;

Cap. 1.

QVATVOR uie sunt que ad scm iacobu tendentes in unu ad ponte regine. in horis yspanie coadunantur; Alia per scm egidiu. & monte pessulanu. & tholosam. & portus aspi tendit: alia p scam mariam podii. 7 scam fidem de cōquis. et scm petru de moyssaco incedit: alia p scam maria [...]dalenā uizeliaci. 7 scm leonardu lemouicensem. & urbe petragoricensem pgit: alia p scm martinum turonense. 7 scm ylariu pictauensem. & scm iohem angliacensem. & scm eutropiu scōnensem. & urbe burdegalensem uadit; Illa que p scam

7

9 *Tours, Westturm der Martinskirche*
Von der berühmten Martinskirche, die über dem Grab des größten Apostels der Gallier errichtet worden war, haben sich heute nur zwei Türme, Reste der ursprünglichen Krypta und des Kreuzganges erhalten.
Um 470 wurde über dem Grab des 397 verstorbenen Bischofs eine Kirche gebaut, die bald das Ziel von zahlreichen Gläubigen wurde. Nachdem die Normannen diese erste Kirche zerstört hatten, wurde vom 11. bis zum 13. Jh. ein prunkvoller, fünfschiffiger Neubau aufgeführt, der für vier Jahrhunderte eine der großen Stationen der Santiagowallfahrt bildete. Durch die Hugenotten 1562 geplündert, zerfiel er immer mehr, bis man 1802 das Langhaus abbrach, um eine Straße (rue des halles) anzulegen. In den Jahren 1887–1924 wurde eine neue Martinskirche von Laloux erbaut, deren Krypta an derselben Stelle wie diejenige der alten Kirche liegt, und wo man noch die Höhlung sehen kann, in der einstmals der Sarkophag des Heiligen stand. Zahlreiche Votivtafeln und Inschriften neueren Datums in der Krypta und im Langhaus machen die auch heute noch bestehende Verbundenheit der Franzosen mit ihrem Apostel sichtbar.
Die Hauptfesttage sind der 1. Sonntag im Juli, der 11. November und der folgende Sonntag.
Unser Bild zeigt die *Tour de l'Horloge*, den südlichen Westturm, der seinen heutigen Dachabschluß im 18. Jh. erhielt. Die „Tour Charlemagne", der Turm des nördlichen Querschiffes, 1928 eingestürzt, wurde kürzlich restauriert.

10 *La Charité-sur-Loire, Ste.-Croix-Notre-Dame, Vierungsturm.*
Dieser malerische kleine Ort an der Loire hieß in vorchristlicher Zeit Seyr, d. h. die Sonnenstadt. Eine Klosterkirche wurde im 8. Jh. hier gegründet, die die Sarazenen aber bald wieder zerstörten. Erst in der 2. Hälfte des 11. Jhs. begannen Benediktinermönche von Cluny mit einem Neubau, dessen Kirche 1107 durch Papst Pascal II. eingeweiht werden konnte. Nach Cluny war sie die zweitgrößte romanische Kirche Frankreichs und erhielt deshalb den Ehrentitel „Älteste Tochter von Cluny".
Die Mildtätigkeit der Mönche zog so große Ströme von Pilgern und Armen an, daß der Ort um die Klosterkirche den Namen „La Charité", d. h. die Mildtätigkeit, bekam.
In den Religionskriegen wurden 1559 ein Teil der Kirchenfassade und des Langhauses zerstört, so daß heute nur noch der Nordturm der Fassade und 4 Traveen des Langhauses – 1695 schlecht restauriert – aufrechtstehen. Aber Chor und *Vierungsturm* sind mit ihrem reichen plastischen Schmuck ein ausgezeichnetes Beispiel für die burgundische Romanik und die cluniazensische Bauschule.

Poitiers, Bauplastik aus der Kirche St.-Hilaire-le-Grand
Bei Poitiers, wahrscheinlich in Moussais-la-Bataille, wurden 732 die Araber von Karl Martell entscheidend geschlagen und ihrem Vordringen in den Norden Frankreichs ein Ende gesetzt.
Schon frühzeitig hatte das Christentum im Poitou seinen Einzug gehalten. In Poitiers war 303 der hl. Hilarius geboren worden, später der erste Bischof der Stadt und ein Freund des hl. Martin von Tours. Nach seinem Tode im Jahre 367 wurde sein Grab von zahllosen Gläubigen besucht, zu denen vom 11. Jh. ab auch die Jakobspilger kamen. 1851 erfolgte die Anerkennung des Heiligen als Kirchenlehrer auf Grund seiner theologischen Arbeiten.
Im Südwesten der Stadt, abgelegen von dem eigentlichen Zentrum, liegt die Kirche St.-Hilaire-le-Grand an der Stelle der kleinen Friedhofskapelle, die der Heilige noch selber erbaut hatte und der folgenden prunkvollen merowingischen Kirche, die außen und innen mit Mosaiken verkleidet war. Der heutige Bau wurde, einer Inschrift entsprechend, von Fulbert, dem Bischof von Chartres, um 1025 begonnen und um 1049 geweiht, aber wohl erst im 12. Jh. vollendet. Der Einsturz des Glockenturms im Jahre 1590 beschädigte das siebenschiffige Langhaus stark; die heutigen Schiffe stammen im wesentlichen von der Restauration von 1869–75. An Ort und Stelle und im Museum von Poitiers befinden sich schöne Beispiele der Poitevinischen Bauplastik.

Musée des Beaux-Arts, Nr. 19:
11 *Kapitell aus St.-Hilaire: Streitszene*
Das Motiv kommt in romanischer Zeit öfters vor, ohne daß bis jetzt eine literarische Verbindung gefunden werden konnte. Die Möglichkeit eines orientalischen Vorbilds ist nicht ausgeschlossen. (Nach 1114?)

Nr. 28:
12 *Wandverkleidung aus St. Hilaire: Der hl. Hilarius segnet die hl. Troecia (Triaise)*, die von ihm bekehrt wurde (11. Jh.).

13 *Parthenay, Jakobustor und Brücke*

Das mächtige nördliche Stadttor – das Jakobustor – und die Brücke über den Thouet wurden im 13. Jh. errichtet. In der gleichen Zeit wurde auch auf der Höhe rechts vom Stadttor ein mächtiges Schloß erbaut, von dem noch drei Türme erhalten sind. So imponierend heute schon der Blick auf Parthenay ist, damals muß er weit großartiger gewesen sein. In dem Schloß wohnte ab 1458 der berühmte Dunois, der 1429 Orléans gegen die Engländer verteidigt hatte.

Wenn man das Stadttor durchschritten hat, befindet man sich in der ehemaligen Rue St. Jacques, die von schönen Fachwerkhäusern des 15. und 16. Jhs. gesäumt ist.

14 *Saintes, St.-Eutrope, Krypta*

Auch in Saintes, einer der prunkvollsten Städte Aquitaniens, besuchten die Pilger das Grab des ersten Bischofs der Stadt, des hl. Eutropius, der hier im 3. Jh. das Christentum verbreitet hatte. Schon im 6. Jh. soll ihm eine Kirche geweiht worden sein, der ein Neubau im 11. und 12. Jh. folgte. Dieser wurde 1803 weitgehend zerstört; erhalten haben sich Chor, Querschiff und der nördliche Chorturm. Die *romanische Krypta* ist dreischiffig und zählt mit ihren wuchtigen Gurten, den schweren korinthisierenden Kapitellen und der Weiträumigkeit des Mittelschiffs zu den schönsten ihrer Art in Frankreich. Hier hat man 1842 die Grabstätte des Heiligen wiedergefunden. Die Gruft befindet sich hinter dem modernen Altar, und auf der Grabplatte steht in Antiqualettern nur der Name EUTROPIUS. Das Grab enthält heute auch noch die Reliquien der hl. Eustelle, einer Märtyrerin des 3. Jhs. Die Pilger besichtigten auf ihrer Wallfahrt die Quelle, die in dem nahegelegenen römischen Amphitheater an der Stelle entspringt, wo die Heilige den Tod gefunden hat. Noch heute geht am Fest der hl. Eustelle, am 30. April, eine Prozession zu dieser Quelle.

15 *Angoulême, St.-Pierre*

Auf einem etwa 100 m hohen Plateau, das sich zwischen den Flüssen Charente und Anguienne erhebt, liegt die Stadt Angoulême. Einstmals muß sie mit ihren mächtigen Befestigungsanlagen, die im 13. und 14. Jh. gebaut worden waren und die ganze Stadt umzogen, wie eine Riesenburg gewirkt haben. Heute geht eine Promenade an den Resten dieser Mauern entlang. An der Südseite liegt die *Kathedrale St.-Pierre*, die um 1100 unter dem Bischof Girard de Blaye begonnen wurde und nach den Zerstörungen durch die Calvinisten (1562 und 1568) in den Jahren 1630–34 restauriert wurde, später ein zweites Mal 1866–75 von dem Architekten Abadie. Diese letzte Restaurierung war sehr eigenwillig, Giebel und Türme wurden hinzugefügt und damit der poitevinische Charakter der Fassade stark verändert.

Die Westfront ist reich mit Plastik geschmückt; 75 Figuren, als Relief oder Vollplastik gearbeitet, sind die Akteure eines Jüngsten Gerichtes, dem Christus, umgeben von den vier Evangelistensymbolen, präsidiert. Dieses Programm entstand zwischen 1125 und 1135. Aus dieser Zeit stammen heute aber nur noch die Figuren der mittleren Zone, und auch deren Anordnung ist sicher nicht mehr ursprünglich.

16 *Fénioux*

In einer lieblichen, hügeligen Landschaft bei St.-Jean-d'Angély liegt Fénioux, bekannt durch seine kleine, einschiffige Kirche mit ihrer reich dekorierten Fassade im poitevinischen Stil und dem Glockenturm mit dem kegelförmigen Helm. Aus derselben Zeit stammt auch die Totenleuchte, ein Bündel aus elf Säulen, das an seldschukische Minaretts erinnert. Im Inneren führt eine Treppe zur offenen Galerie hinaus. Auf den Friedhof, der die Leuchte einst umgab, weist nur noch der untere Teil eines Sarkophags hin.

Tours, Saint-Gatien – Rose des nördlichen Querschiffs, Anfang 14. Jh.

1. Straße durch Frankreich

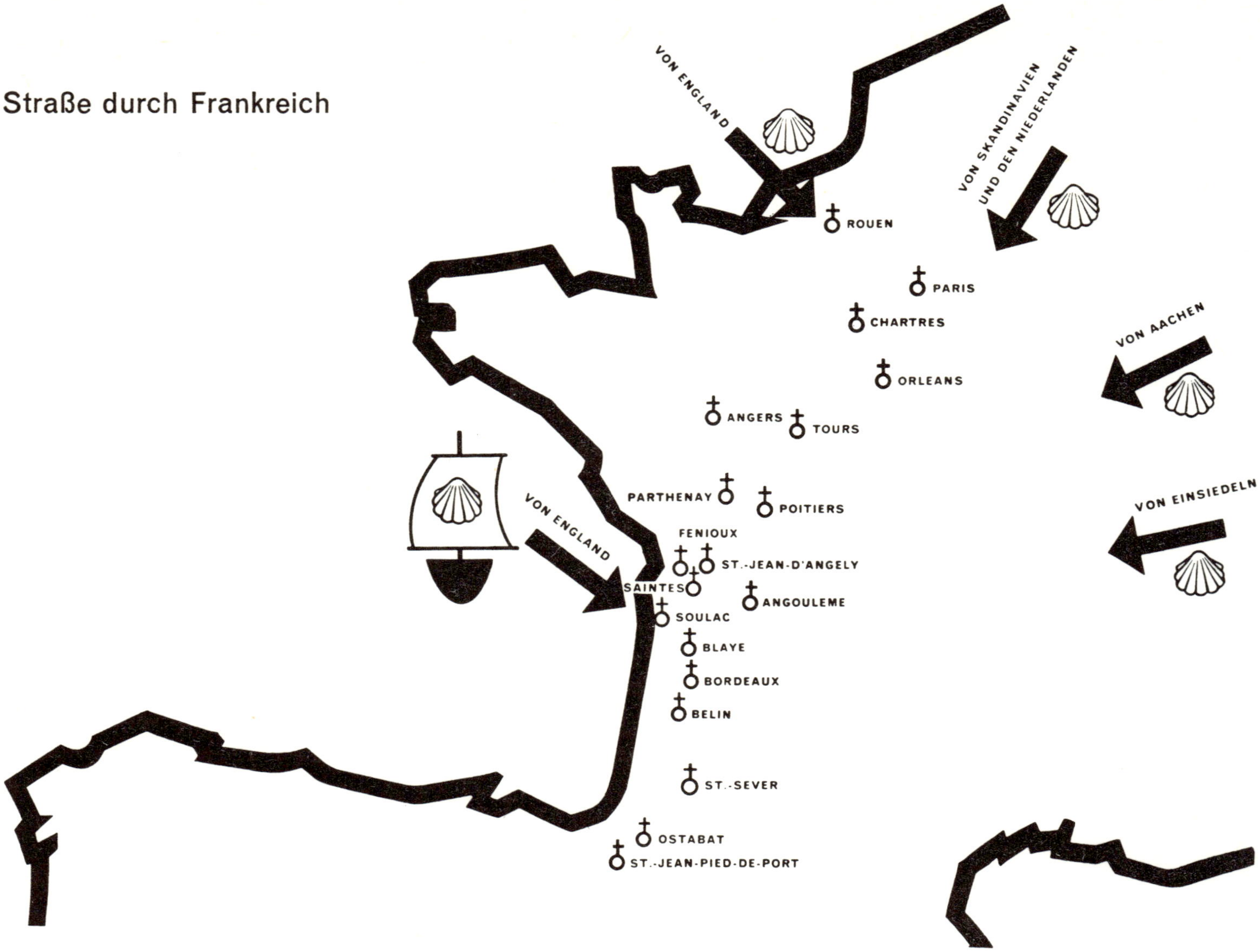

Farbbild rechte Seite: *St.-Savin-sur-Gartempe,* Mittelschiff des Langhauses.

Etwas abseits der direkten Straße, die von Tours nach Poitiers führt, liegt am rechten Ufer der Gartempe das einstmals hochberühmte Benediktinerkloster St.-Savin mit der größten Kirche aus dem 11. Jh., die Frankreich heute noch besitzt. Etwa aus derselben Zeit stammen die Fresken, die eine Vorstellung geben können, wie sehr eine farbige Ausmalung die Räume zu verändern vermag. Viele der romanischen Kirchen im Poitou waren ausgemalt, aber nur hier haben sich durch einen Glücksfall die Malereien erhalten.

Über die Entstehungsgeschichte der Abtei berichtet die Legende, daß in Mazedonien in der Mitte des 5. Jhs. die Heiligen Savinus und Cyprianus lebten, die vor dem Konsul Ladicius erscheinen mußten, weil sie sich geweigert hatten, heidnische Götterbilder anzubeten. Als sie zum Tode verurteilt wurden, flohen sie nach Gallien, aber am Ufer der Gartempe wurden sie von ihren Verfolgern eingeholt und getötet. Nach einer anderen Version wurden beide in dem Ort La Bresse von den Westgoten gemartert. Unweit der Stätte ihres Märtyrertodes soll Karl der Große 811 eine Benediktinerabtei gegründet haben, die 878 durch die Normannen zerstört wurde. Erst im 11. Jh. begann man mit dem Wiederaufbau. Es entstand eine dreischiffige Hallenkirche mit überhöhtem Mittelschiff, breitem Querschiff mit Apsiden und einem Chor mit Umgang und Kapellenkranz, ein Grundriß also, wie ihn die großen Pilgerkirchen aufweisen. Man baute von Osten nach Westen, nach dem Übergang von Säulen zu Vierpaßpfeilern im Langhaus zu schließen.

Die Datierung der Fresken, die sich über eine Fläche von 412 Quadratmetern ausbreiten, ist sehr umstritten, man neigt heute dazu, sie ab Ende des 11. bis Anfang des 12. Jhs. anzusetzen; als Vorbilder konnten Buchmalereien nachgewiesen werden. In der Vorhalle sind die Majestas Domini und Szenen aus der Apokalypse dargestellt, an dem großen Tonnengewölbe des Langhauses erleben wir die Schöpfungsgeschichte und den Auszug der Juden aus Ägypten, – Themen, wie wir sie auch noch in der Sixtinischen Kapelle im Vatikan finden können. Unten in der Krypta ist die Lebensgeschichte der Titularheiligen Savin und Cyprien dargestellt.

Die Bilder sind direkt auf den Mörtel gezeichnet und in einer Technik, die zwischen Fresko- und Leimfarbenmalerei liegt, ausgeführt. Im Langhaus herrschen die rötlich-gelben Töne vor, während die Malereien in der Krypta, – nicht nur durch die Abgeschlossenheit vom Tageslicht –, bunter wirken.

Im hundertjährigen Krieg wurde der Wohlstand der Abtei vernichtet, und in den Religionskriegen wurde sie dreimal geplündert, so daß man schließlich in Geldnöten einige Klostergebäude abreißen lassen mußte. Als 1640 die Kongregation St. Maur das Kloster in Besitz nahm, begann der Wiederaufbau, aber damals wurden die Fresken unsachgemäß restauriert. Erst als Prosper Mérimée die Abteikirche zum historischen Denkmal Frankreichs erklärt hatte, fanden fachgerechte Wiederherstellungs- und Sicherungsarbeiten statt, die sich fast über ein Jahrhundert hinzogen.

2. Straße durch Frankreich

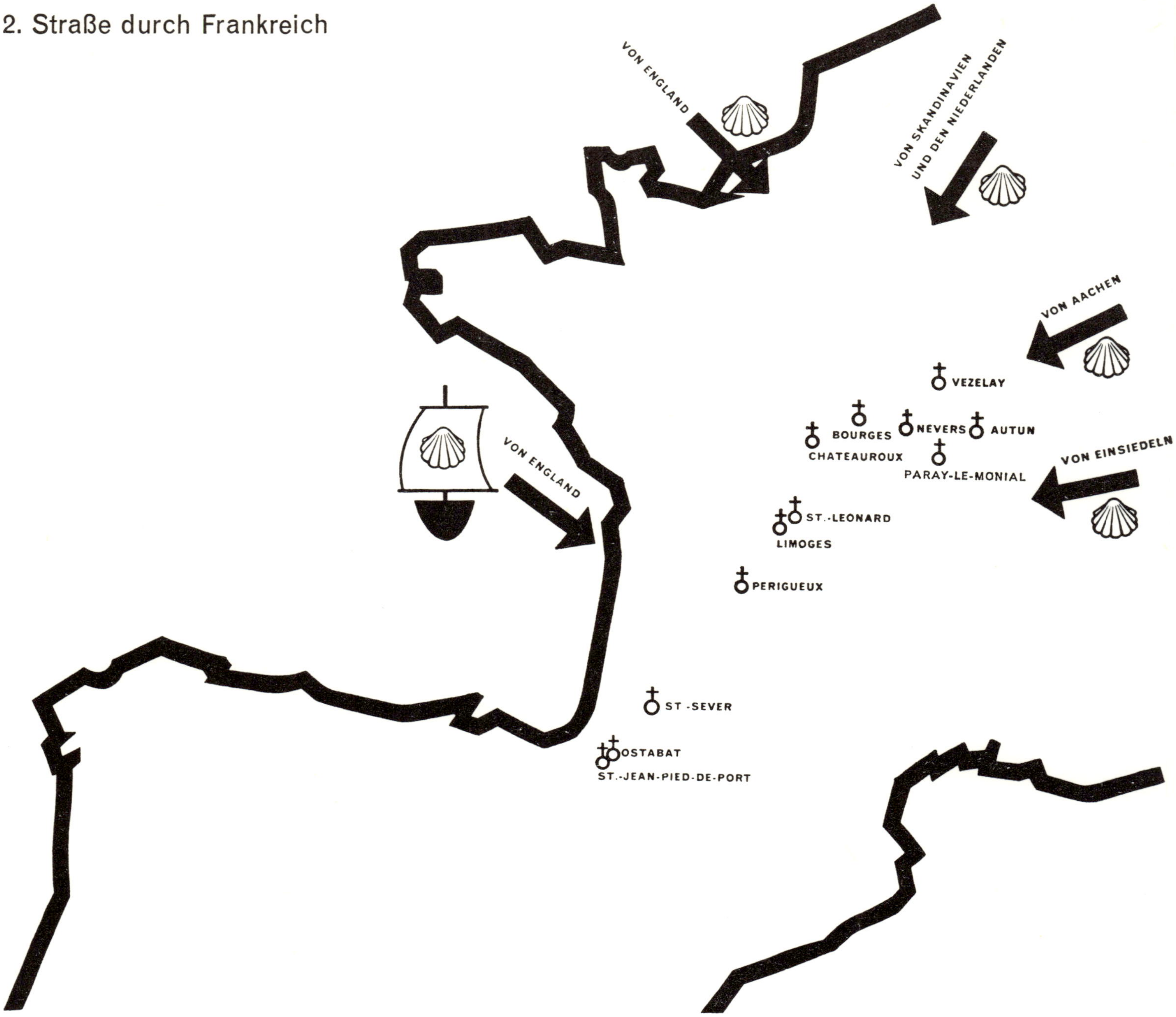

17 *Straße in den Landes*

Die Landes – eine etwa 14 000 Quadratkilometer große Landschaft südlich von Bordeaux – waren bis ins 19. Jh. ein in der Meernähe versandetes und im Inneren versumpftes und verseuchtes Gebiet, in dem nur Heide wuchs. Die wenigen Hirten, die hier lebten, gebrauchten hohe Stelzen, um ihre Herden auf den weiten, mit Gestrüpp bedeckten und kaum gangbaren Flächen im Auge behalten zu können. Ein mittelalterliches Pilgerlied sagt: „Als wir zogen durch die Landes, da steckten wir bis zum Knie im Wasser.“ Seit dem Ende des 19. Jhs. wurde das Gebiet mit viel Erfolg entwässert und aufgeforstet, so daß das Département bald zu den waldreichsten von Frankreich zählte. Nach dem letzten Krieg sind durch Feuer große Waldgebiete vernichtet worden.

18 *Jakobus*

Steinplastik in der Stiftskirche von Tübingen. Der Chor der Stiftskirche St. Georg wurde 1470 unter dem Grafen Eberhard im Barte begonnen und ist vielleicht dem Baumeister Peter von Koblenz zuzuschreiben. An den Wanddiensten stehen die Statuen der zwölf Apostel, von denen Jakobus im Pilgergewand erscheint, mit der Muschel am Hut. Diese Skulpturen wurden um 1490 von einem ungenannten Meister ausgeführt.

Die Pilger, die von Frankfurt am Main zum Bodensee und weiter nach Einsiedeln zogen, kamen durch Tübingen. Die noch ältere Kirche in der Altstadt war eine Jakobuskirche.

9 20 *Vézelay, Basilika Ste.-Madeleine, Südturm und Chor*

Auf einem weit über das Tal der Cure ragenden Hügel gründete Girard de Roussillon, Graf von Burgund, um die Mitte des 9. Jhs. ein Benediktinerkloster, das schon 878 von Papst Johannes VIII. bestätigt wurde. Als aus Furcht vor den Sarazeneneinfällen im 11. Jh. die Reliquien der hl. Magdalena aus Südfrankreich hierhergebracht worden waren, nahm das Kloster einen großen Aufschwung und wurde zu einer wichtigen Station der Jakobuspilger in Burgund. Am 31. März 1146 rief der hl. Bernhard von Clairvaux am nördlichen Abhang des Berges im Beisein König Ludwigs VII. und vieler Ritter hier zum zweiten Kreuzzug auf. Als Pilger kamen später die Könige Philipp-Auguste, Richard Löwenherz und Ludwig der Heilige hierher. Franz von Assisi gründete hier sein erstes Franziskanerkloster in Frankreich.

Als man Ende des 13. Jhs. weitere Reliquien der hl. Magdalena in St.-Maximin in der Provence entdeckte, verloren das Heiligtum und schließlich auch die Märkte, die an den großen Festtagen hier abgehalten wurden, an Bedeutung.

Nachdem die Kirche des 9. Jhs. zu klein geworden war, wurde 1096–1106 ein Neubau aufgeführt, der am 22. Juli 1120 bei einem großen Pilgerfest in Flammen aufging und über tausend Pilger unter seinen Trümmern begrub. Im Jahre 1140 war das Schiff wiederhergestellt, und unter dem Abt Girard d'Arcy konnte 1215 der gotische Chor eingeweiht werden. Die beiden großen Zerstörungswellen, die über die kirchliche Kunst in Frankreich hinweggingen, die Religionskriege und die französische Revolution, zogen auch diese Kirche, eine der größten romanischen Klosterkirchen Frankreichs, stark in Mitleidenschaft. Erst als Prosper Mérimée, als Inspecteur des Monuments Historiques, im 19. Jh. das öffentliche Interesse auf dieses Bauwerk lenkte, kam es 1840–1859 unter Viollet-le-Duc zu einer Wiederherstellung.

Das Ziel der Pilger war im Mittelalter das Grab der hl. Magdalena gewesen, das sich in der Krypta befand, wo auch heute noch ein Teil der Reliquien aufbewahrt wird. Ein anderer ist in eine Säule im südlichen Querschiff eingelassen.

21 *Autun*, Stadtansicht mit dem Turm der Kathedrale St.-Lazare und dem Turm der Ursulinerinnen.

22 *Stadttor St.-André*

Auf dem linken Ufer der Arroux liegt Autun, das alte Augustodunum, das Augustus gründete, um die Gallierstadt Bibracte zu vernichten. Die Stadt ist nach einem regelmäßigen Grundriß angelegt, der sich in den heutigen Straßenzügen noch erkennen läßt. Von der alten Mauer mit ihren 62 Halbtürmen und 4 Toren haben sich noch 2 Tore erhalten. Eins davon, die *Porte St.-André*, ist 14 m hoch und 20 m breit; die beiden großen Tore waren für die Wagen, die kleinen für die Fußgänger bestimmt. Vor dem Tor soll der hl. Symphorion im Jahr 179 den Märtyrertod gefunden haben.

Die Lage der Stadt an der großen Handelsstraße von Lyon nach Boulogne ließ sie reich und mächtig werden, aber im frühen Mittelalter wurde sie wiederholt von einfallenden Völkern zerstört, darunter auch von den Sarazenen. Im späten Mittelalter erlebte sie eine zweite Blüte, aber noch heute hat die Stadt nicht wieder die Größe, die sie zur Römerzeit hatte, erreicht.

Im Jahre 1079 stiftete Gérard de Roussillon Reliquien des Lazarus, die er aus Marseille mitgebracht hatte, an die Kirche St.-Nazaire in Autun. Durch die zahlreichen Pilger, die dieses Grab des hl. Lazarus alsbald aufsuchten, wurde ein Neubau notwendig; die neue Kirche (1120–40) erhielt den Namen St. Lazare, und auf ihrem Westtympanon erscheint an bevorzugter Stelle, rechts von Christus, der hl. Jakobus.

Der 80 m hohe Glockenturm, der die Silhouette der Stadt bestimmt, wurde Ende des 15. Jhs. unter Kardinal Rolin erbaut, während die Tour des Ursulines aus dem 12. Jh. stammt.

23 *Bourges, Kathedrale St.-Etienne*

Die Stadt, die unter den Kelten und Römern eine bedeutende Rolle spielte, kam frühzeitig an die französische Krone und erlebte im 14. Jh. unter dem Herzog Jean de Berry, der sie zur Hauptstadt seines Herzogtums und zu einem der bedeutendsten Kunstzentren Frankreichs machte, eine große Blüte.

Der Neubau einer Kathedrale wurde um 1185 unter dem Erzbischof Henri de Sully begonnen, nachdem schon ein frühchristlicher und romanischer Bau bestanden hatte. Man fing mit den Arbeiten am Chor an und hatte Ende des 13. Jhs. die Westfassade vollendet. Die Arbeiten an der Außenplastik zogen sich noch eine Generation hin, so daß erst 1324 durch den Erzbischof Guillaume de Brosse die Einweihung erfolgen konnte. Die Glasfenster, an denen die ganze Entwicklung der Glasmalerei in Frankreich abzulesen ist, entstanden vom 13.–16. Jh; auf ihnen erscheint Jakobus mehrfach, beispielsweise in der Kapelle des hl. Franz von Sales im Chorumgang (vgl. auch Farbbild S. 81).

24 *Pilger*, Kupferstich des Lucas von Leyden, um 1508.

Die ersten schriftlichen Nachrichten über Santiagopilger stammen merkwürdigerweise von einem arabischen Reisenden mit Namen Ibn Dihya; er berichtet, daß im Jahre 844 normannische Pilger in Santiago gewesen wären. 850 werden Pilger aus Friesland erwähnt. Der Pilgerstrom nimmt im 11. und 12. Jh. unvorstellbare Ausmaße an; wir wissen von zahlreichen bedeutenden Persönlichkeiten des geistlichen und weltlichen Standes, die die Pilgerfahrt nach Santiago unternahmen, z. B. dem Erzbischof Siegfried I. von Mainz (1072), der Kaiserin Mathilde, der Witwe Kaiser Heinrichs V., dem Erzbischof von Mainz, Konrad von Wittelsbach (1164) und Herzog Heinrich dem Löwen (1182). In den folgenden Jahrhunderten geben Testamente, Reiseerinnerungen und Reiseführer Hinweise auf die Santiagopilger wie die Berichte des Nürnbergers Arztes und Humanisten Hieronymus Münzer, der 1494 in Santiago war, oder der Reiseführer „Vademecum“ des Mönches Hermann Kuenig von Vach aus dem 15. Jh. und die mit Zeichnungen erläuterten Erinnerungen des Ritters Arnold von Harff aus Köln an seine Pilgerfahrt 1496 bis 1499. Papst Sixtus IV. (1471–84) hatte die Wallfahrt nach Santiago rechtlich der nach Jerusalem gleichgestellt. Durch den leichteren Anweg und die zahlreichen Unterkunftsmöglichkeiten war sie praktisch für jedermann möglich und wurde deshalb auch die „Wallfahrt des kleinen Mannes“ genannt. Um die Reise beginnen zu können, brauchte man die Genehmigung der weltlichen und kirchlichen Obrigkeit. Die deutschen Pilger trafen sich meist in Einsiedeln, der Sammelstation der Oberstraße, oder in Aachen, der Sammelstation der Unterstraße. Die schriftlichen Reiseführer gaben die genaue Tagesstrecke an, größere Gruppen wurden von berufsmäßigen Führern begleitet. Die Wallfahrt dauerte etwa ein Jahr, und als Zeichen, daß man in Santiago gewesen war, kaufte man dort an dem Brunnen vor dem Nordportal der Kirche Muscheln, die man am Hut und an der Brottasche anbrachte; am Südportal, der puerta de las platerias, wo sich noch heute die Silberwarengeschäfte befinden, kaufte man eine Plakette, die das Haupt des Apostels zeigte. Im 15. und 16. Jh. war der Anteil der Deutschen an den Wallfahrten besonders groß.

9

11

◀ 10

12

19

20

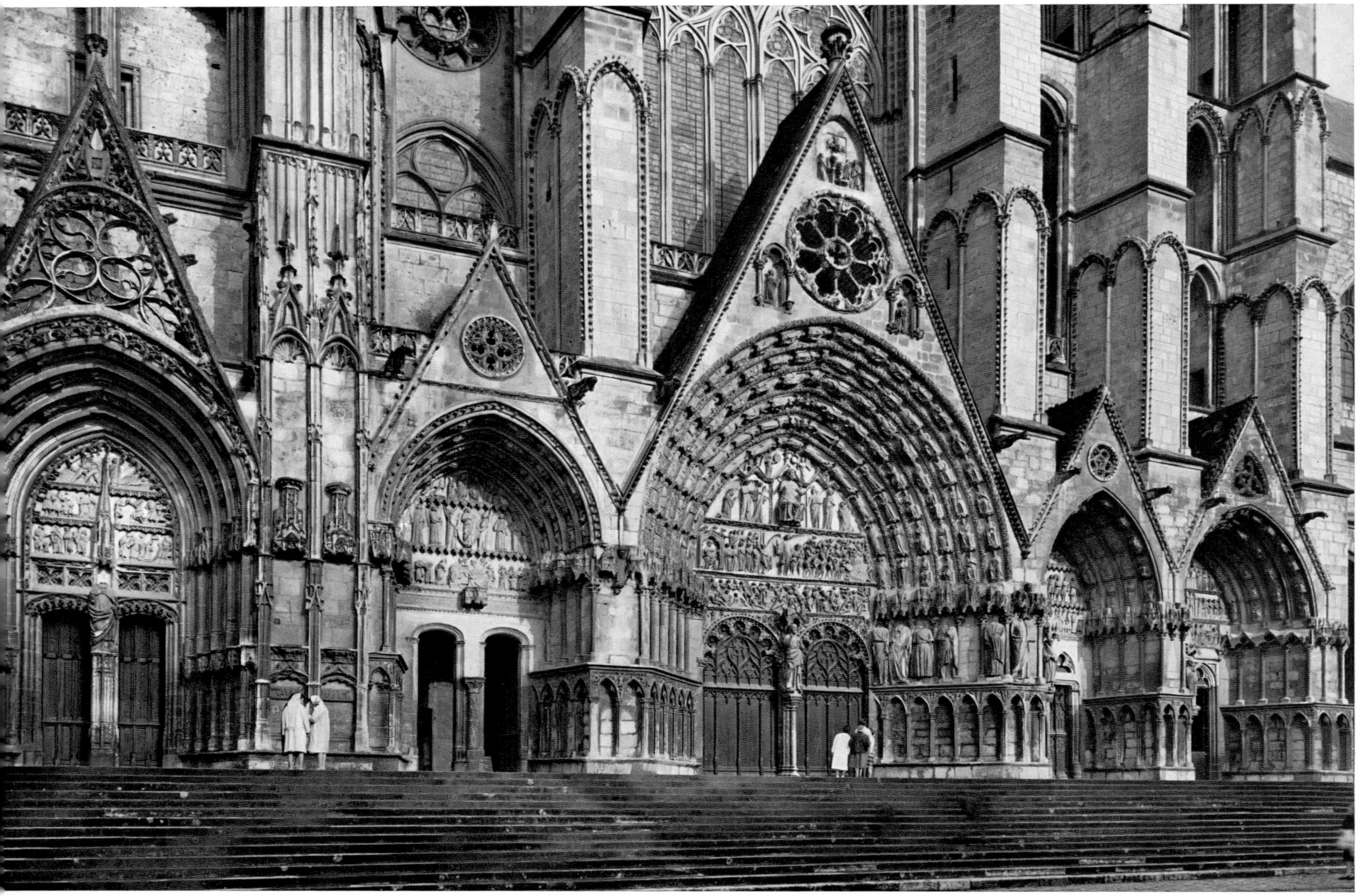

23

24

25 *Paray-le-Monial, Gesamtansicht der Basilika Notre-Dame*

In Burgund, am Ufer der Bourbince, wurde 973 ein Benediktinerkloster gegründet. 1109 begann unter dem hl. Hugo, Abt von Cluny, ein Kirchenneubau, der der Maria geweiht wurde. Dieser reich gegliederte Bau scheint das verkleinerte und vereinfachte Abbild der zerstörten Abteikirche von Cluny zu sein und ist heute eins der bedeutendsten Beispiele der cluniazensischen Baukunst.

Der südliche Westturm, der im frühen 12. Jh. erbaut wurde, ist in einfachen Formen gehalten, während der nördliche ein späteres Stadium der Romanik zeigt und durch seine reiche Gliederung auffällt, ähnlich wie der Vierungsturm (1860 restauriert).

In Paray-le-Monial predigte Marguerite-Marie Alacoque (1617-90), eine Nonne des Ordens der Visitation, die Verehrung des hl. Herzens Jesu. 1875 wurde die Kirche zur „Basilika des hl. Herzens" erhoben.

26 *Paray-le-Monial, Deckengemälde im Chor*

Ein Deckengemälde an der Chorwölbung zeigt den segnenden Christus, umgeben von den vier Evangelistensymbolen. Die Arbeit stammt aus dem 15. Jh., aber die Figur des Christus scheint auf ein etwas älteres Vorbild zurückzugehen.

27 *Paray-le-Monial, Langhaus*

Durch einen Narthex betritt man die Kirche, die nur 49 m lang ist bei einer auffälligen Höhe des Mittelschiffs (22 m). Das Langhaus ist in drei Schiffe gegliedert, weist aber nur drei Traveen auf, die durch Bündelpfeiler und Gurtbögen an der Tonnendecke betont sind. Die Wand über den spitzbogigen Arkaden ist durch je drei rundbogige Scheinfenster und drei Fenster zwischen kannellierten Pilastern gegliedert. An das weit ausladende Querschiff schließt der Chor mit einem Umgang an, von dem drei Apsiden abspringen. Der reiche plastische Schmuck der Kapitelle, Archivolten und Pilaster ist ein Kennzeichen der burgundischen Schule des 12. Jhs.

28 *Betende*

Marmorstatue der Frau des Pierre Jeannin, Minister Heinrichs IV. (1. Hälfte 17. Jh.) in der Kathedrale von Autun.

29 *St.-Léonard-de-Noblat*

Im 6. Jh. lebte im Walde von Pauvain im Tal der Vienne ein Eremit Leonhard, der aus einem vornehmen fränkischen Geschlecht stammte und nach einer im 11. Jh. geschriebenen Vita ein Schüler des hl. Remigius und ein Patenkind von Chlodwig gewesen sein soll. Nach seinem Tode (559) wurde sein Grab zu einem Wallfahrtsziel, das auch Pipin der Kurze 763 aufsuchte. Unter der Regierung Ludwigs des Frommen (814–840) wurde in der Nähe der Grabkapelle Notre-Dame-dessous-les-arbres eine neue Kirche gebaut, der im 11.–12. Jh. ein weiterer Neubau folgte. In dessen Krypta befand sich das Grabmal oder ein Kenotaph des Heiligen. Als man 1191 die Krypta vermauerte, brachte man das Grabmal in die Kapelle Notre-Dame-dessous-les-arbres, mit der es im 18. Jh. zerstört wurde. Die Reliquien waren an einem sicheren Ort aus Angst vor den damals die Lande unsicher machenden Söldnerscharen versteckt worden, sie wurden am 17. Oktober 1403 in der Nähe des Hochalters wiedergefunden. Karl VII. stiftete dazu 1449 kostbare Reliquienschreine. Da diese freilich bei der Revolution in Paris eingeschmolzen wurden, sind heute nur drei moderne Schreine (von 1890) auf dem Hochaltar zu sehen.

Im südlichen Querschiff befindet sich heute ein Sarkophag, über dem eine alte Galeerensklavenkette aufgehängt ist und der schon seit längerer Zeit im Sinne eines Erinnerungsmals als Grab des hl. Leonhard bezeichnet wird.

Im 12. Jh. nahm der kleine Ort Nobiliacum, der sich in der Nähe des Klosters gebildet hatte, den Namen St.-Léonard-de-Noblat an.

30 *Votivtafeln in der Kirche St.-Léonard*

Der Heilige wurde auf Grund einer Legende der Patron der Gefangenen, deshalb sind seine Attribute Schloß und Ketten. Er ist auch der Patron der Kranken, im Mittelalter vor allem der Geisteskranken, die man damals in Ketten legte. Viele Kranke bezeichneten sich als Gefangene des Heiligen und trugen als Zeichen einen Ring oder eine Kette, die sie bei ihrer Genesung einer Leonhardskirche weihten, ebenso wie es diejenigen taten, die aus körperlicher Gefangenschaft befreit worden waren. Aus diesem Grunde findet man in diesen Kirchen – besonders in Bayern und Österreich – so viele Votivketten, die manchmal mehrfach um die Kirche gezogen sind. Auch in England, Italien und Spanien breitete sich der Kult dieses Hei-

ligen aus. Im ausgehenden Mittelalter wird er außerdem als Viehpatron angesehen; da man besonders die Pferde unter seinen Schutz stellte, finden an seinem Hauptfesttag, dem 6. November, Leonhardiritte statt. Auch in St.-Léonard-de-Noblat wird dieser Tag mit einem Pferderennen besonderer Art gefeiert.
Die *Votivtafeln* weisen darauf hin, daß immer in den Kriegszeiten die Wallfahrten zum Grabe des Heiligen einen neuen Aufschwung nahmen. Unter den Pilgern sind zu erwähnen: Pipin der Kurze (763), Boemund, Prinz von Antiochia, Galerand, Bischof von Naumburg (1114), Richard Löwenherz, Karl VII. (1438), Eleonora von Frankreich, Katherina von Medici (1569), Prinz von Condé (1620) nach seiner Befreiung aus dem Gefängnis von Vincennes Marschall Pétain (1941).

31 *Périgueux, Stadtansicht*

Der Blick von der Brücke über den Fluß Isle auf die Stadt Périgueux ist fremdartig und fast orientalisch. Die großen, weißen Kuppeln der Kathedrale St.-Front überragen kleine, eng aneinandergeschmiegte Häuser.
Das Grab des St. Front, des Apostels des Périgord, war auf einer natürlichen Erhebung angelegt worden; schon im 5. Jh. wird von einem Kloster berichtet. Die Baugeschichte der Kirche ist problemreich, die Mehrzahl der Forscher nimmt heute an, daß nach einem merowingischen Bau 984 eine große Kirche gebaut wurde, die 1047 durch Aymon de Bourbon, den Erzbischof von Bourges, eingeweiht wurde. Diese, heute sogenannte „lateinische“ Kirche, eine dreischiffige Basilika, wurde 1120 durch Brand zerstört, aber es haben sich bedeutende Reste erhalten, die vor der Westseite des heutigen Baues eine Art Atrium bilden. Die jetzt bestehende Kirche, der „byzantinische“ Bau, ist wahrscheinlich 1125–1150 erbaut worden. Mit dem Grundriß eines griechischen Kreuzes und den fünf krönenden Pendentifkuppeln lehnt er sich an den Typ der Markuskirche in Venedig an, die wiederum ihr Vorbild in der heute nicht mehr erhaltenen Apostelkirche in Konstantinopel hat.
Der Ort, der sich im Laufe der Zeit um das Kloster an den Berghängen bildete, nahm den Namen Puy-St.-Front an, war seit dem 12. Jh. selbständig und stand unter dem besonderen Schutz des Königs von Frankreich. Im Jahr 1251 schloß sich Puy-St.-Front mit dem benachbarten La Cité – das an der Stelle der alten Römerstadt Vesuna entstanden war – zusammen unter dem Namen Périgueux, in Anlehnung an den Namen des gallischen Oppidums Petrocores, das auf dem linken Ufer der Isle gelegen hatte.
In den Religionskriegen wurde 1575 die Kirche geplündert und das Grab des Heiligen zerstört. 1669 wurde die Klosterkirche anstelle der inzwischen protestantisch gewordenen Kirche St. -Etienne zur Kathedrale erhoben. Der heutige Außenbau wurde 1852–1901 von den Architekten Abadie, Brugère und Boeswilwald sehr eigenwillig restauriert. Dabei wurden die zahlreichen Laternentürmchen und der 60 m hohe Glockenturm hinzugefügt.

32 *Pilgerlied*

aus dem Reiseführer des Liber Sancti Jacobi (vgl. Anmerkungen zu Bild 1).
Flandrisches Pilgerlied in lateinisch-flämischem Text aus dem 12. Jh. Die Noten sind im Vier-Liniensystem geschrieben, dabei zwei Stimmen durch schwarze und rote Farbe unterschieden.

In freier Übersetzung:

1) Der Apostelsippe Vater,
König aller, wies den Jüngern
ihres Wirkens Stätte zu;
über Spanien, Jakobus,
strahlst als Licht der Sitte du.
Erster der Apostel,
der zu Jerusalem
für den Glauben starb,
ehrenvoll Jakobus
Heiligkeit erwarb!

2) Dein Galizien, Jakobus,
dessen Ruhm zur Ehrenstraße
macht den mühevollen Gang,
es erbittet fromme Kräfte
für der Pilgerscharen Sang:

Herre Sankt Jakobus!
Sankt Jakobus, groß und gut!
E ultreja, e suseja!
Führ uns, Gott, in deiner Hut!

Erster der Apostel, ...

3) Alle Welt zugleich ist willig,
Dank zu spenden dir, Jakobus,
dessen Heilskraft mächtig ist,
Streiter Gottes, aller Schutzherr,
der Gelübde würdig bist.

Erster der Apostel, ...

4) Zu dir rufen wir, Jakobus,
in Gefahr hat deine Hilfe
wunderbar bewährt sich oft;
wer bedrängt in Fesseln schmachtet,
Rettung sich von dir erhofft.

Erster der Apostel, ...

5) O hochseliger Jakobus,
wahres Vorbild unsrer Tugend,
schütze, wenn die Feinde nahn,
alle, die sich dir ergeben;
nimm die Deinen gnädig an!

Erster der Apostel, ...

33 *Ostabat*

Ostabat ist heute ein kleines, unbedeutendes Dorf im hügeligen Vorgelände der Pyrenäen, das eine kleine Kirche aus dem 19. Jh. besitzt und wenige baskische Bauernhäuser. Man kann sich schwer vorstellen, daß hier drei oder vier große Pilgerstraßen durch Frankreich zusammenliefen und daß der Ort eine gewisse Größe gehabt haben muß, denn es bestanden hier mehrere Hospitäler, und es wurde eine Art Wegzoll erhoben.

34 *Clermont-Ferrand, Kapitell in Notre-Dame-du-Port*

Das abgebildete Chorkapitell hat als Thema den Kampf der Tugenden gegen die Laster, hier den der Mildtätigkeit gegen den Geiz. Die auvergnatische Kapitellplastik zeichnet sich durch ihren Erfindungsreichtum aus, reicht aber in bezug auf die Qualität der Ausarbeitung nicht an die elegante Feinheit der burgundischen Schulen heran.

35 *Clermont-Ferrand, Notre-Dame-du-Port*

Noch heute ist die Schwarze Madonna von Notre-Dame-du-Port in Clermont-Ferrand ein berühmtes Wallfahrtsziel; das Hauptfest wird jeweils an dem Sonntag, der dem 14. Mai folgt, gefeiert. Das Wallfahrtsbild ist bereits im 13. Jh. erwähnt, es scheint sich um die plastische Nachgestaltung einer byzantinischen Ikone gehandelt zu haben; die heutige Kopie stammt aus dem 17. Jh.

Unter dem hl. Avitus (571–594), dem Bischof der Auvergne, wird eine erste Kirche an dieser Stelle erwähnt, die schon der Maria geweiht war. Den Namen „du Port“ (lat. portus = Markt) erhielt sie deshalb, weil an dieser Stelle vor den Toren der Stadt in römischer Zeit ein Markt abgehalten worden war. Diese „Ecclesia Portuensis“ wurde im 9. Jh. von den Normannen zerstört. Unter dem hl. Sigon wurde 1099 ein Neubau begonnen, der erst Anfang des 13. Jhs. vollendet war und eines der charakteristischen Beispiele des auvergnatischen Baustils darstellt. Die wichtigsten Bauten dieser Schule finden sich vor allem in der Diözese Clermont. Sie sind klein und fallen durch die Betonung und harmonische Gliederung der Chorpartie auf, die von den Apsidiolen zur Apsis über den kubischen Vierungsaufbau zum achteckigen Turm hinaufführt. Demgegenüber ist die Fassade ganz schlicht gehalten; bei dem gern verwendeten schwarzen Lavastein wird der Eindruck durch Ernst und Schwere bestimmt.

Der Innenraum ist vorbildlich für eine Wallfahrtskirche: eine dreischiffige, überhöhte Halle mit Emporen und einer Tonnenwölbung im Mittelschiff. An das Querschiff schließt sich der Chor mit dem Chorumgang an, darunter die Krypta, in der das Gnadenbild steht. In Anbetracht der langjährigen Marienwallfahrten verlieh Papst Leo VIII. 1886 der Kirche den Titel einer Basilika.

Die Stadt Clermont-Ferrand kann auf eine alte Geschichte zurückblicken. Die Kelten nannten die Siedlung Nemessos, unter den Römern nahm sie zu Ehren des Augustus den Namen Augustodunum an und wurde eine wohlhabende und volkreiche Handelsstadt. Erst im 8. Jh. kommt der Name Clermont (Clair-Mont) vor, der auf die Bischofsstadt mit der Kathedrale Notre-Dame auf dem Berg beschränkt ist. Auf dem Konzil von Clermont ruft Papst Urban II. 1095 zum ersten Kreuzzug auf.

Als in der Neuzeit die Städte Clermont und Montferrand vereinigt wurden, nahmen sie den Namen Clermont-Ferrand an.

36 *Straße bei Léotoing*

Die Straße führt von Clermont-Ferrand in südwestlicher Richtung durch die malerischen Schluchten des Allagnon, vorbei an den Ruinen der Festung von Léotoing (14. Jh.).

37 *Le Puy, Basilika Notre-Dame-du-Puy*

Die Landschaft von Le Puy ist eine der eigenartigsten und eindrucksvollsten, die man in Frankreich finden kann. In der großen Ebene des Velay ragen vulkanische Bergspitzen auf, die Kirchenbauten und Statuen tragen. Auf der größten dieser Erhebungen, dem Rocher Corneille, steht seit 1860 die sechzehn Meter hohe Figur der „Notre-Dame de-France", die von Napoleon III. gestiftet wurde; sie besteht aus dem Metall der 213 Kanonen, die in Sewastopol erbeutet worden waren.

Am Hange dieses Berges erhebt sich die Basilika Notre-Dame-du-Puy, die an der Stelle eines römischen Tempels errichtet wurde, nachdem seit dem 6. Jh. in Le Puy ein Bischofssitz bestand. Die Osthälfte der heutigen Kirche bis zum fünften Joch stammt von einem Neubau nach 1100, während die Westhälfte mit Hilfe von Substruktionen erst nach 1150 errichtet wurde. Durch das dabei entstandene Untergeschoß führt eine Treppe zur Kirche hinauf, die man beim 5. Joch durch das Goldene Tor betrat. Sie ist eine dreischiffige Basilika mit Querhaus und Vierungskuppel, die im 19. Jh. um ein ganzes Stockwerk mit Fenstern erhöht wurde. Der schöne östliche Glockenturm ist einer der wenigen vollendeten, den Frankreich aus der romanischen Zeit besitzt. In der polychromen Steinbehandlung des Außenbaus zeigt sich islamischer Einfluß.

Vom Ende des 10. Jhs. an wurden die Wallfahrten zu dieser Kirche berühmt, zumal Le Puy, wie etwa Arles, Vézelay und Chartres eine der Sammelstationen der Santiagopilger in Frankreich war. Der Bischof von Le Puy schrieb 1063 als einer der ersten nichtspanischen Pilger einen Reisebericht. Nach einer Überlieferung soll Ludwig der Heilige bei seiner Rückkehr von seinem Kreuzzug nach Ägypten der Kirche eine Marienstatue gestiftet haben, die aus dem Sudan stammte. Diese Plastik wurde in der Revolution zerstört, und an ihrer Stelle befindet sich heute eine Kopie. Ob es schon vor dem 13. Jh. in der Kathedrale eine Marienstatue gegeben hat, ist ungewiß. Der Kult der Maria von Le Puy breitete sich über ganz Frankreich aus, auch in Spanien findet man längs der Pilgerstraßen Kapellen, die ihr geweiht sind, wie z. B. in Estella. In der Himmelfahrtswoche wurde ein großes Fest gefeiert, zu dem im Mittelalter von weither die Sänger und Gaukler kamen; die Ritter hielten Turniere ab, und auf dem Markt trafen sich die Kaufleute aus der Provence, dem Poitou und aus Spanien, ja selbst sarazenische Händler waren anwesend.

38 *Le Puy, Romanisches Gitter im Kreuzgang*

Der westliche Flügel des Kreuzgangs ist zur Basilika hin durch eine schmiedeeiserne, prachtvoll gearbeitete romanische Gittertür aus dem 12. Jh. geschlossen.

Farbbild rechte Seite: *Bourges, Kathedrale Saint-Etienne.*
Kapelle am Chorumgang mit Glasfenstern aus der Zeit um 1225, die in Medaillons Szenen aus der Legende des Jakobus zeigen. Seine Begegnung mit dem Zauberer Hermogenes ist auch an den Glasfenstern der Kirchen von Chartres, Auxerre und Tours u. a. dargestellt (vgl. dazu auch die Erläuterungen zu Abb. 161).

PHILETV
PHILETV

3. Straße durch Frankreich

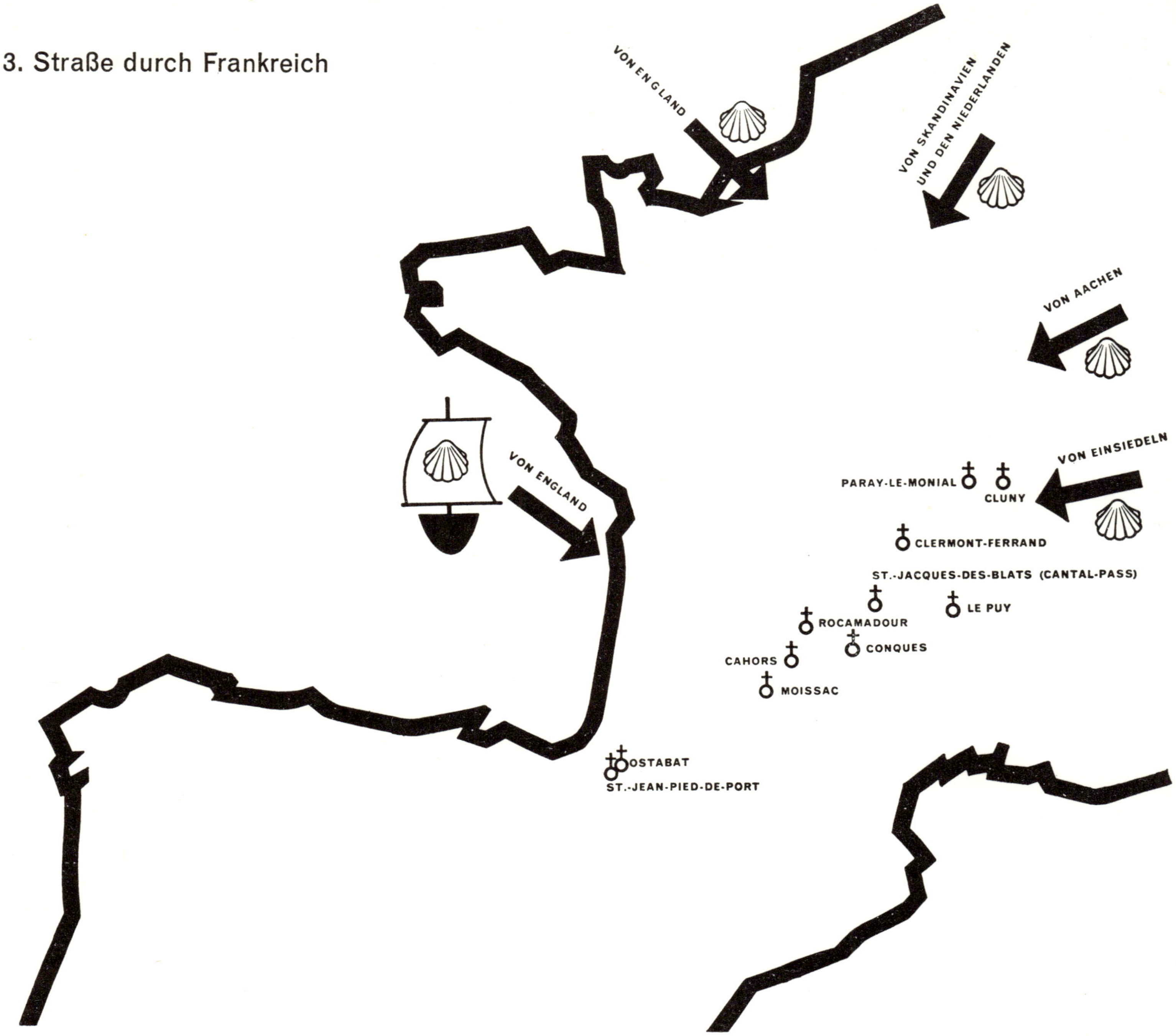

26 ▸

29

30 ▸

MERCI
St LÉONARD
L.D.
Protégez-nous toujours
L.G.
Reconnaissance
à
St LÉONARD
Reconnaissance
à
St LÉONARD
D.D.
Reconnaissance
à
St LÉONARD
Reconnaissance
à St LÉONARD
18 Juillet 1918
C.W.
Reconnaissance
à
St LÉONARD
R.B.
MERCI
St Léonard
11 9bre 1909
Reconnaissance
1915-1918
E.C.
Reconnaissance
à St LÉONARD
6 9bre 1913
A.A.
Reconnaissance
14 Avril 1913
S.H.
MERCI
à Saint-Léonard
H.C. 1942
RECONNAISSANCE
à
SAINT LÉONARD
A.G. 1940
Reconnaissance
24 Mai 1940
24 Octobre 1940
E.L.
MERCI
A.V. 1941
MERCI
A.B. 1942
MERCI
G.R.M.
MERCI
H.D. 1940
MERCI
L.P. 1941
MERCI
à St Léonard
J.D. 1941 A.C. 1942
MERCI
Protégez-nous
F.H.V.
MERCI
R.S. 1941
MERCI
Saint Léonard
G.P.B. 1941
MERCI
L.B. M.B. 1942
MERCI
13 Juin 1941
P.L.F.
MERCI
J.P. 1941
Délivrez Papa
17 Octobre 1941
M.T.A.L.

31

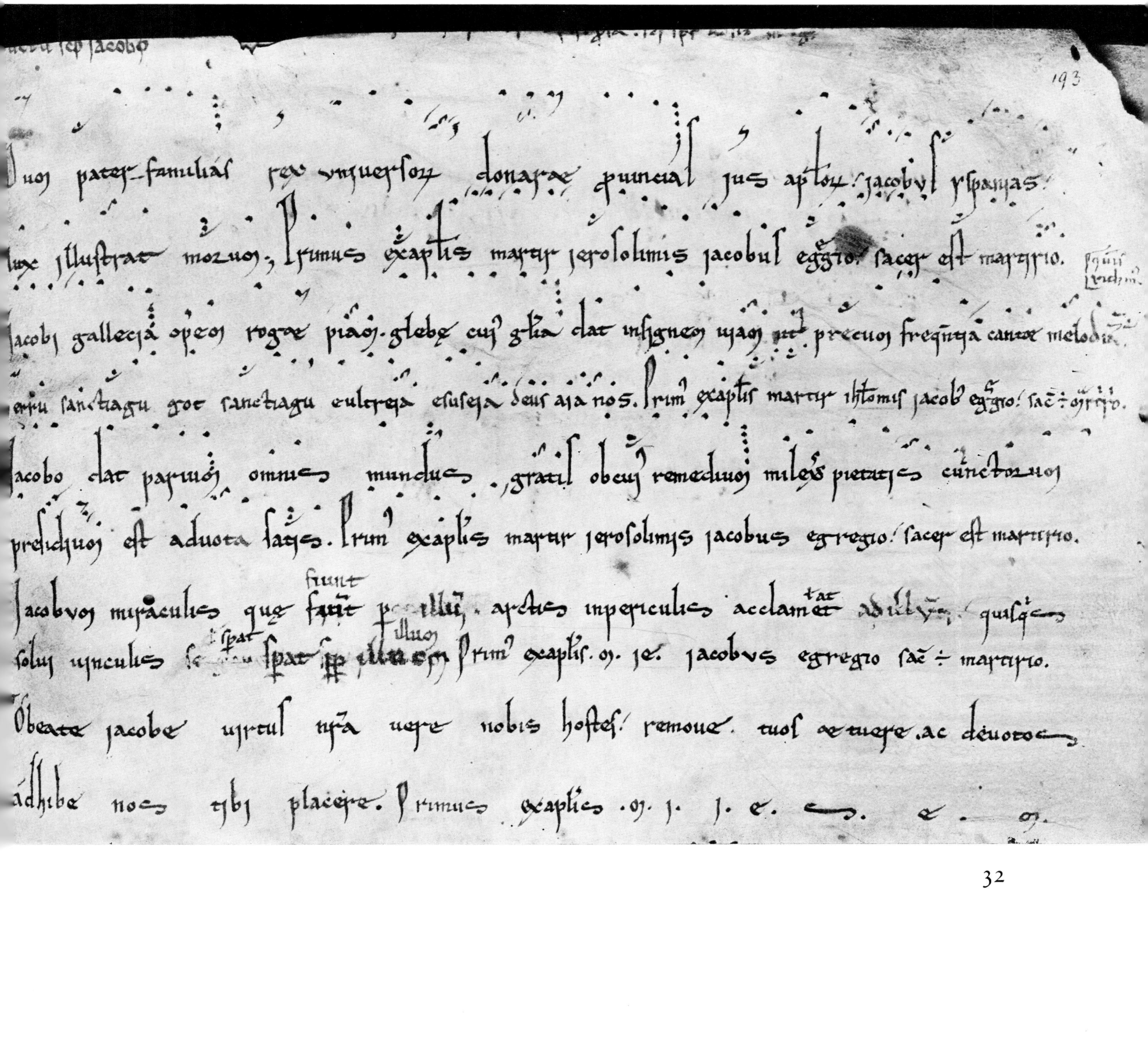
193
Dum pater familias rex universorum donaret provincias ius apostolorum Iacobus Yspanias
lux illustrat morum. Primus ex aplis martir ierosolimis iacobus egregio sacer est martirio.
Iacobi gallecia opem rogat piam glebe cuius gloria dat insignem viam ut precum frequentia cantet melodia
Herru sanctiagu got sanctiagu e ultreia e suseia deus aia nos. Primus ex aplis martir ierosolimis iacobus egregio sacer est martirio.
Iacobo dat parium omnis mundus gratis ob cuius remedium miles pietatis cunctorum
presidium est ad vota satis. Primus ex aplis martir ierosolimis iacobus egregio sacer est martirio.
Iacobum miraculis que fiunt per illum arctis in periculis acclamet adiutum quisquis
solvi vinculis sperat per illum. Primus ex aplis. m. ie. iacobus egregio sacer est martirio.
O beate iacobe virtus nostra vere nobis hostes remove tuos ac tuere ac devotos
adhibe nos tibi placere. Primus ex aplis. m. i. i. e. s. e. m.

32

33

35

36

37

41

39 *Le Puy, Kapelle St.-Michel-d'Aiguilhe*

Der Name „St. Michael auf der Nadel" trifft genau die einzigartige Lage dieser Kirche, die auf einem spitzen Felsen von 88 Meter Höhe erbaut ist, und zu der heute 267 Stufen hinaufführen. Sie gehört zu der Gruppe von Michaelskirchen, die wie der bekannte Mont-St.-Michel den Monte Sant'Angelo in Italien zum Vorbild haben.

In römischer Zeit hatte hier ein Tempel gestanden, der wahrscheinlich dem Gott Merkur geweiht gewesen war; die Heiligtümer Merkurs wurden wie die späteren Michaelskirchen mit Vorliebe auf Bergen angelegt. 962 wurde von Truanus, dem Dekan des Kapitels von Le Puy, hier die erste Kirche gebaut, die 984 vollendet war. Von diesem Bau hat sich nichts erhalten, die heutige Kapelle stammt aus der Zeit um 1100. Zu Seiten der Treppe standen ursprünglich drei Oratorien, die aber ebenfalls verschwunden sind. Das am Eingang war dem Erzengel Gabriel geweiht, dann folgte eine sehr kleine Kapelle, die dem hl. Guignefort gewidmet war; dieser schottische Heilige wurde zum Schutz gegen ansteckende Krankheiten angerufen. Hier war diese Vorsicht besonders naheliegend, da sich das Spital für Aussätzige, St.-Nicolas-d'Aiguilhe, nicht weit entfernt am Fuße des Berges befand. Auf halber Wegstrecke lag das Oratorium des Erzengels Raphael.

40 *Le Puy, Pilgerkreuz*

Diesen Pilgerkreuzen aus der Zeit um 1500 begegnen wir immer wieder auf der alten Straße nach Santiago; viele entstanden auch in der Zeit der Gegenreformation, wo die Pilgerfahrt einen neuen Auftrieb erfuhr.

41 *Le Puy, Portal von St.-Michel-d'Aiguilhe.*

Die Steininkrustationen aus weißen, schwarzen, roten und rosa Rauten geben der Fassade ein ganz ungewohntes, fremdländisches Aussehen, sie ist eines der besten Beispiele für die sarazenischen Einflüsse, die durch die Pilgerstraße nach Frankreich einströmten. Auf dem Türsturz sind Sirenen mit Netzen dargestellt als Symbole der Begierde. Das zerstörte Tympanon wird von einem Rankenkranz umgeben, der aus dem Mund von zwei Männern strömt. Der mittlere der drei Halbbögen zeigt das Lamm Gottes zwischen zwei Engeln, zu seinen Seiten acht Älteste aus der Apokalypse, die in goldenen Gefäßen Parfüm darbringen; damit sind die Gebete der Menschen gemeint. In dem mittleren der fünf Bogenfelder der oberen Zone ist der segnende Christus dargestellt, links davon Maria und Johannes, rechts Michael und Petrus.

42 *Le Puy, St.-Michel-d'Aiguilhe, Innenraum*

Durch einen kleinen Narthex kommt man in den etwa ellipsenförmigen Innenraum, über den sich eine Tonne wölbt und der von einem Säulenumgang mit Kreuzgratgewölben umgeben ist. Einige Stufen führen in den quadratischen Chor (4 × 4 m), vielleicht das ältere Heiligtum. Von den drei Konchen sind noch die nördliche und östliche erhalten, während die im Süden durch den Portalbau zerstört wurde. Die Säulen scheinen, den Formen der Basen und Kapitelle nach, aus älteren Bauten zu stammen. Von der einstmals sehr reichen Bemalung haben sich im Chor noch deutbare Reste erhalten; an der Decke erscheint Christus zwischen Engeln und den vier Evangelistensymbolen, an der Ostwand sind die zwölf Apostel, die Seligen und Verdammten dargestellt (12. Jh.).

43 *Pilgerkreuz in St.-Jacques-des-Blats*

Heute führen durch das Cantalmassiv gut ausgebaute moderne Straßen. Nachdem man den malerischen Pas de Compaing durchfahren hat, erreicht man in 991 m Höhe den Sommerfrischenort St.-Jacques-des-Blats, dessen Name an die alte Pilgerstraße erinnert. Sonst weist nur noch ein Pilgerkreuz vor der Kirche darauf hin, die selber neueren Datums ist.

44 *Conques, Stadtansicht*

Die Pilger, die von Westen kamen, hatten dieses Bild vor sich: Die Rue Charlemagne, das Stadttor Porte du Barry und dahinter die Kirche Ste.-Foy.

45 *Conques, Kirche Ste.-Foy, Gesamtansicht*

Das 11.–13. Jh. war die große Zeit von Conques; damals kamen die meisten Pilger durch den Ort, und die Gaben flossen reichlich, so daß die von Karl dem Großen gegründete Benediktinerabtei sich schon in der 1. Hälfte des 11. Jhs. entschloß, eine neue Kirche zu bauen, die etwa um 1200 vollendet gewesen sein muß. Es ist eine dreischiffige, überhöhte Hallenkirche mit einem kurzen Langhaus und Emporen, einem weit ausladenden, dreischiffigen Querhaus und einem Chor mit Kapellenkranz. Diese Kirchenform ist der in Toulouse und Santiago sehr ähnlich, nur kleiner und einfacher. 1561 wurde die Kirche durch die Protestanten teilweise zerstört, und erst im 19. Jh., als Prosper Mérimée sie bei einer Inspektionsreise gesehen und sich in einem Aufruf für sie eingesetzt hatte, konnte sie restauriert werden.

46 *Conques, Tympanon der Kirche Ste.-Foy*

(vgl. Anmerkung zu Bild 3)

Das Westtympanon der Kirche Ste.-Foy hat das Jüngste Gericht zum Thema. Der Ausschnitt zeigt im unteren Teil Abraham, der die Auserwählten im himmlischen Jerusalem aufnimmt. Auf der Schräge des Daches links empfängt die Heilige kniend den Segen Gottes. An der Decke ihrer Zelle hängende Handschellen weisen auf ihre Gefangenschaft hin; sie wird ähnlich wie der hl. Leonhard auch als Befreierin von Gefangenen angerufen. Auf der rechten Schräge sind Auferstehende zu erkennen, darüber ein Zug von Seligen und Heiligen. Ganz rechts, neben Christus, steht Maria, hinter ihr Petrus, dann Äbte und Stifter, darunter Karl der Große mit der Krone, bis zum einfachen Mönch und Pilger. Engel halten Schriftbänder, auf denen die christlichen Tugenden verzeichnet sind. Dieses Tympanon ist eines der Hauptwerke der auvergnatischen Plastik, die formal wie ikonographisch eng verbunden sind. Es zeigt Reste der alten Polychromierung und dürfte in der 1. Hälfte des 12. Jhs. entstanden sein.

47 *Conques, Statue der Ste. Foy*

Wegen seiner abgeschiedenen Lage blieb Conques von den großen Plünderungen verschont, und der ganze Klosterschatz hat sich erhalten, der einen großartigen Überblick über die französische Goldschmiedekunst vom 9. bis zum 16. Jh. gibt.

Das Hauptwerk ist die Statue der hl. Fides, die auf einem Thron sitzt, die Füße auf einer Fußbank und in den vorgestreckten Händen Tüllen für Blüten. Die Holzfigur ist mit Goldblech verkleidet, in das kostbare Steine, antike Gemmen, Perlen und Limoger Email eingelassen sind. In ihrer Brust befindet sich ein Reliquienschrein. Seit dem 10. Jh. ist es in Südfrankreich üblich, Reliquien nicht mehr in Kästchen, sondern in Statuen aufzubewahren, von denen sich einige erhalten haben. Die der hl. Fides ist die berühmteste, sie entstand im 10. Jh. und ist vermutlich in der Klosterwerkstatt von Conques gearbeitet worden.

Das „Liber miraculorum sanctae Fidis“ gibt Auskunft über die zahlreichen Wunder, die die Heilige tat und berichtet, daß sie dazu des öfteren das Kloster verließ. Sie wurde dann von einem Pferd mit einem besonders sanften Schritt getragen und von jungen Mönchen begleitet, die Musik auf Zimbeln und Elfenbeinhörnern machten. Mit diesem Bild der jungen Fides, die als zwölfjährige Märtyrerin starb, hat die Skulptur nichts mehr gemein, sie ist in ihrer goldschimmernden Pracht, in ihrer abweisenden und fast unheimlichen Hoheit eine Darstellung des Göttlichen schlechthin.

Farbbild rechte Seite: *Rolands Tod*

Miniatur aus dem Reimepos „Karl der Große“ von Stricker; illustrierte Handschrift des 14. Jhs. aus Süddeutschland. (In der Universitätsbibliothek Tübingen, Depot der ehem. Preuß. Staatsbibliothek.)

Der schwerverwundete Roland hat durch sein Horn Olifant das Heer Karls des Großen alarmiert, und nachdem er dreimal vergeblich versucht hat, sein Schwert Durandal an einem Felsen zu zerbrechen, legt er sich zum Sterben nieder. Der Erzengel Gabriel bringt seiner Braut Alde seinen Handschuh.

mit bade

48 *Roc-Amadour, Oberes Tor*
Das obere Tor oder die Porte Cabiliert führt auf die älteste Straße der Stadt, die noch heute „Straße der Händler" heißt. Vorbei an einem schönen alten Haus, der Maison de la Pomette (14. Jh.), gelangt man auf die Place des Senhals, wo früher Bleimedaillen, die die Maria von Roc-Amadour zeigten und die man „senhals" oder „sportelles" nannte, hergestellt wurden.
Das Tor stammt aus dem 13. Jh.; ursprünglich stand daneben ein Turm der Stadtbefestigung.

49 *Roc-Amadour, Gesamtansicht*
Am steilen Hang der Felsenschlucht des Alzou liegt Roc-Amadour, dessen Wallfahrt zur Schwarzen Madonna im Mittelalter hochberühmt war und dessen Kirche Tochtergründungen in Spanien (z. B. Estella, Sevilla), Lissabon und Sizilien hatte. An den Hauptfesttagen kamen bis zu 30000 Besucher in den kleinen Ort, die dann im Tal, an den Ufern des Flusses lagern mußten, dort, wo heute im Sommer die Campingzelte stehen.
Die Fragen nach der Herkunft des Kultes und nach der Persönlichkeit des hl. Amadour sind ungeklärt. Man hat ihn mit verschiedenen Heiligen, einem ägyptischen Eremiten und dem Mann der hl. Veronika, Zachäus, zu identifizieren versucht. Alle Vermutungen stimmen nur insofern überein, als man in ihm einen Einsiedler sieht; sein Name ist durch die Abwandlung der lateinischen Bezeichnung „roc amator" entstanden. Als man 1166 ein altes Grab unter der Schwelle der Marienkapelle aushob, fand man dort einen unverwesten Leichnam, der, nachdem man ihn in der Nähe des Altars beigesetzt hatte, Wunder wirkte. Durch die großen Pilgerströme wurde der Ort reich, und es kam zu Neid und Kämpfen zwischen den Abteien von Marcilhac und Tulle um den Besitz der Kirche, die mit dem Sieg Tulles endeten. Im englisch-französischen Krieg wurde das Heiligtum wiederholt zerstört, und in den Religionskriegen fiel es in die Hand des protestantischen Hauptmanns Bessonies, der, nachdem er vergeblich versucht hatte, den Körper des hl. Amadour zu verbrennen, ihn mit dem Hammer zerstörte. Nur die Schwarze Madonna und die wundertätige Glocke, die vor einem Wunder von selbst zu läuten anfängt, blieben unbeschädigt. Auch in der Revolution kam es wieder zu großen Zerstörungen. Im 19. Jh. fingen die Bischöfe von Cahors an, das Heiligtum wieder aufzubauen, und man ist heute im Begriff, auch den kleinen Ort mit seinen schönen alten Häusern und Befestigungsanlagen wiederherzustellen. Auf dem Wege nach Lourdes wird die Kapelle der Schwarzen Madonna viel besucht.

50 *Roc-Amadour, Treppe mit Pranger*
Auf dem Wege nach Santiago besuchten im Mittelalter viele Pilger das Heiligtum. Aber die kirchlichen und weltlichen Behörden bestimmten auch oft Sühne-Wallfahrten nach Roc-Amadour.
Wenn der Sünder angekommen war, hatte er ein härenes Hemd anzulegen und Ketten an Hals und Arme. Dann mußte er auf den Knien die große Treppe, die von dem Ort zum Heiligtum führt, hinaufsteigen. Vor dem Altar der Maria hatte er Vergebung zu erflehen; nach entsprechenden Gebeten löste ihn der Priester von den Ketten. Der Pilger erhielt eine Bescheinigung und konnte die Bleiplakette mit dem Bildnis der Maria erwerben. Unter den Wallfahrern befanden sich auch Henri Plantagenet, der hl. Dominikus, der hl. Bernhard, der hl. Ludwig, Philipp der Schöne und viele andere.

51 *Roc-Amadour, Totentanz an der Marienkapelle*
Der heilige Bezirk umfaßt sieben Heiligtümer: Die Basilika des Heilands, unter ihr die Krypta des hl. Amadour (11.–13. Jh.), die Kapellen des hl. Johannes des Täufers, des hl. Blasius, der hl. Anna und die Kapelle der wundertätigen Maria, die im 19. Jh. weitgehend neu erbaut wurde. Rechts vor der Eingangstür Reste einer Wandmalerei, eines Totentanzes aus dem 14. Jh. Über der Kapelle erblickt man, in dem weit überhängenden Felsen steckend, ein altertümliches Schwert, von dem die Legende berichtet, daß es Rolands Schwert Durandal wäre.
Auf dem Altar der Kirche steht die berühmte Marienstatue, ein Reliquiar aus Holz, das nach der Art seiner Darstellung aus dem 9. Jh. stammen kann. Die wundertätige Glocke ist eine der ältesten bekannten Glocken, und man vermutet, daß sie im 4. Jh. gegossen wurde. Die dunkle kleine Kirche ist geschwärzt durch die immer brennenden Kerzen. Fahnen, Säbel, Krücken, Ketten und Schiffe sind als Exvoto aufgehängt.

52 *Cahors, Pont Valentré*

Die Valentré-Brücke gehört zu den großartigsten befestigten Brücken Frankreichs. In einer Höhe von 40 Metern führen die spitzbogigen, abgetreppten Arkaden über den Lot, während die Türme an den Landseiten für die Verteidigung bestimmt sind und der mittlere Turm zur Beobachtung dienen sollte.

Der Bau wurde 1306 beschlossen und 1308 begonnen, aber die Bauarbeiten zogen sich über ein halbes Jahrhundert hin, so daß die Legende entstand, daß der Architekt schließlich zum Zwecke einer schnelleren Fertigstellung einen Pakt mit dem Teufel geschlossen habe, diesem seine Seele verschrieben habe, und daß dieser ihm dafür das Material bis zur Baustelle gebracht habe. Aber der Architekt war so klug, von dem Teufel zu verlangen, ihm Wasser in einem Sieb zu holen, so daß der Teufel doch das Nachsehen hatte. 1879 wurde die Brücke grundlegend restauriert und die Konstruktion dabei teilweise vereinfacht.

Cahors, das antike Divona Cadurcorum, verdankt seine Entstehung der Quelle der Civonne oder Fontaine des Chartreux, die noch heute die Stadt mit Trinkwasser versorgt. Als sich im 13. Jh. lombardische Bankiers in der Stadt niederließen und hier eine der ersten Großbanken Europas gründeten, die Päpste wie Könige zu ihren Schuldnern zählte, wurde die Stadt reich und bedeutend. Aber der hundertjährige Krieg und die Pest vernichteten diese Stellung.

An der Kathedrale St.-Etienne hat sich ein Tympanon erhalten, das etwa um 1135 entstanden sein muß und das die Auferstehung Christi zeigt. Der plastische Stil entspricht dem der Bildhauerschule von Moissac. In der Komposition und besonders in der eigenartigen Bewegung der Engel zu Seiten Christi ist dieses Tympanon übrigens dem der ehemaligen Klosterkirche von Petershausen bei Konstanz so ähnlich, daß nur eine direkte Übernahme angenommen werden kann.

53 *Moissac, Prophet am Trumeaupfeiler*

Einer Legende nach wurde die Abtei St.-Pierre in Moissac durch Chlodwig gegründet; wahrscheinlicher noch ist die Annahme, daß der Gründer ein Benediktinermönch der normannischen Abtei St.-Wandrille war, der im 7. Jh. in den Südwesten Frankreichs kam. Das Kloster erlebte wiederholt Zerstörungen durch die Sarazenen, Normannen, Ungarn und gelangte erst zu größerer Bedeutung, als es 1047 durch den hl. Odilon, Abt von Cluny, mit der Abtei Cluny vereinigt wurde. Im Jahre 1180 konnte ein neuer Kirchenbau eingeweiht werden, von dem sich das Südportal der narthexähnlichen Vorhalle erhalten hat. Dieses Portal gehört zu den bedeutendsten plastischen Leistungen des Languedoc, und seine thematische wie formale Gestaltung hat als Vorbild für mehrere romanische Portale in Frankreich und Spanien gedient. Auf dem Tympanon ist Christus als Weltenherrscher, umgeben von den vier Evangelistensymbolen, zwei Engeln und den vierundzwanzig Ältesten dargestellt, entsprechend der apokalyptischen Vision. Als Vorbild dieser Gestaltung wird das Kommentar zur Apokalypse angesehen, das Beatus, der Abt von Liébana, in Spanien im 8. Jh. schrieb. Von dieser Handschrift gab es im Mittelalter zahlreiche illustrierte Abschriften. Die bekannteste ist die von St.-Sever (11. Jh.), die sich heute in der Bibliothèque Nationale in Paris befindet. Vermutlich besaß auch das Kloster St.-Pierre in Moissac eine solche Abschrift.

Der Mittelpfeiler des Portals zeigt frontal drei sich überkreuzende Löwenpaare, während rechts und links zwei *Propheten* dargestellt sind, die mit ihren manieristisch überlängten Figuren, dem breit gefältelten Gewand, das die einzelne Körperteile akzentuiert, den reich ausgearbeiteten Bordüren und dem ornamentalen Linienspiel der Haare typisch für diese Bildhauerschule sind. Sie zählen zu den ausdrucksstärksten romanischen Skulpturen Frankreichs.

54 *Moissac, Kreuzgang*

Nach einer Inschrift ist der Kreuzgang im Jahre 1100 vollendet worden. Einfache und doppelte Marmorsäulen tragen abwechselnd 76 spitzbogige Arkaden. An den vier Ecken und in der Mitte jeder Seite befinden sich marmorverkleidete Pfeiler, auf denen neun Apostel und der Abt Durand, Bischof von Toulouse und Abt von Moissac (gest. 1072), dargestellt sind. Der flächige, zeichnerische Stil dieser Reliefs ist eng verbunden mit dem der Kreuzgangreliefs in Santo Domingo de Silos und den Chorumgangreliefs von St.-Sernin in Toulouse. Die spitzbogigen Backsteinarkaden stammen von dem Wiederaufbau nach dem Brand von 1188. Auf den auffällig abgeschrägten Kapitellen werden Szenen aus dem Alten und Neuen Testament gezeigt – wobei das Buch Daniel mehrmals illustriert wird –, ferner Szenen aus dem Leben von Heiligen, wie dem des hl. Benedikt, des hl. Martin, während bei anderen

wiederum der Beatuskommentar von Einfluß gewesen sein dürfte. Daneben gibt es auch rein ornamental gestaltete Kapitelle. Die Zerstörungen stammen aus der Zeit der Französischen Revolution (1793); damals wurden auch der Schatz und das Archiv des Klosters vernichtet.
Einige hervorragende Steine in der Arkadenzone bezeichnen heute die Stelle, an der sich einst die Brunnenkapelle befand. Nach alten Darstellungen war dieses Brunnenhaus – in einem Winkel des Kreuzgangs liegend – dem des Klosters Monreale bei Palermo in Sizilien sehr ähnlich.

Moissac, Kapitelle im Kreuzgang

55 *Verkündigung an die Hirten*

56 *Verkündigung an Maria*

57 *Daniel in der Löwengrube*

42

4

4
4

SANCTORVM CETVS STAT XPISTO IVDICE LETVS
CARITAS
VMILITAS
ATVR ELECTIS
AD CELI GAVDIA V CTIS GLORIA PAX REQVIES PERP
ACIFICI MITES PIETATIS AMICI SIC STANT GAVDENTES SECVRI NIL
ATORES TRANSMVTETIS NISI MORES IVDICIVM DVRVM

47

48

HOTEL Ste MARIE

RECONNAISSANCE
MERCI
MERCI
A N.D. DE ROC_AMADOUR
RECONNAISSANCE
HENRI_PIERRE_MARIE D.D.

51
52

55

56 57

58 *Riedheim* (Kreis Konstanz), Pfarrkirche
Jakobus. Detail eines Holzreliefs aus dem 15. Jh. mit einer Darstellung des Marientodes.

59 *Cluny, Abteikirche*
Von der alten Kirche, die im Mittelalter die größte der Christenheit war, stehen heute nur noch wenige Reste: die beiden Türme des westlichen Querhauses, der Weihwasserturm und der kleinere Uhrenturm, das Westportal und geringe Teile des Langhauses.
In dem lieblichen Tal der Grosne gründete im Jahre 910 Guillaume le Pieux, der Herzog von Aquitanien, ein Kloster, das im 11. Jh. zum Ausgangspunkt der großen Reform des benediktinischen Mönchstums werden sollte. Die neue Ordnung strebte eine Vertiefung des mönchischen Lebens an und forderte die Vorherrschaft der Kirche über den Staat. Schon Anfang des 12. Jhs. bekannten sich etwa 1400 Klöster mit über zehntausend Mönchen in Deutschland, Italien, Spanien und England zu der neuen Regel. Cluny wurde so mächtig, daß es zeitweilig Rom an Bedeutung überragte, so daß Papst Urban II. von ihm sagen konnte: „Ihr seid das Licht der Welt!“ Aber schon in der Mitte des 12. Jhs. beginnt der Verfall, der hl. Bernhard von Clairvaux warf dem Kloster seine Verweltlichung, seinen Reichtum und seine Prunksucht vor, und schon im 13. Jh. ordnete sich das Kloster, das bisher nur Rom unterstand, der französischen Krone unter. In den Religionskriegen wurden die Klostergebäude zerstört und die berühmte Bibliothek vernichtet. 1790 wurde das Kloster geschlossen und 1798 an einen Kaufmann aus Mâcon für 2 Millionen Francs verkauft, der es bis 1823 als Steinbruch benutzte.
Man unterscheidet in Cluny drei aufeinanderfolgende Kirchenbauten: Die Kirche, die von 910–954 bestand, wird Cluny I genannt; die sogenannte Majolusbasilika oder Cluny II stand von 954–981, ihre Form ist uns erhalten in der Aureliuskirche in Hirsau. Im Jahre 1088 wurde der Grundstein zu einer dritten Kirche gelegt, von der die heutigen Reste stammen. Cluny III war eine fünfschiffige Basilika mit doppeltem Querschiff, einem Westchor mit Umgang und Kapellenkranz sowie einer dreischiffigen westlichen Vorhalle. Papst Urban II. konnte 1095 die Chorweihe vornehmen, und schon 1130 fand die Gesamtweihe statt, während die Vorkirche erst 1220 vollendet wurde.
An dem Hauptportal war wie in Moissac die Vision der Apokalypse dargestellt. Es wurde in der Revolutionszeit zerstört, und nur ein paar Zeichnungen und Beschreibungen können uns heute eine Vorstellung vermitteln. Da Moissac ein Priorat von Cluny war, können Ähnlichkeiten bestanden haben, aber die Herkunft der burgundischen Plastik bleibt weiterhin problematisch. Viele der Kirchen an der Pilgerstraße waren cluniazensische Gründungen oder befanden sich in cluniazensischem Besitz und beweisen, daß die Ausweitung der Wallfahrt nach Santiago im 11. und 12. Jh. auf Bestrebungen der Äbte von Cluny zurückzuführen ist.

60 *Cluny, romanisches Haus*
In Cluny haben sich einige schöne Profanbauten aus dem 12. und 13. Jh. erhalten. Diese eingeschossigen Häuser zeigen im ersten Stock mehrere aneinandergereihte, rundbogige Fenster, die durch Säulen getrennt sind – Formen, die uns aus der sakralen Baukunst vertraut sind.

Farbbild rechte Seite: *St.-Guilhem-le-Désert,* Gesamtansicht.

Seit dem Jahre 806 besitzt die Kirche St.-Guilhem eine Reliquie des Heiligen Kreuzes, die zweimal im Jahr, am 3. Mai und am 14. September, in einer Prozession durch das Dorf getragen wird. Am Gründonnerstag findet die eigentümliche Schneckenprozession statt, die hier seit dem Mittelalter begangen wird. Dabei werden Schneckenhäuser als Öllampen verwendet, und in ihrem Schein ziehen die Gläubigen, unter denen sich früher viele Santiagopilger befanden, durch den Ort.

Der hl. Wilhelm, ein Enkel Karl Martells, wurde im Jahre 752 geboren und war von Jugend an mit Karl dem Großen eng verbunden. Als Karl 768 den Thron bestiegen hatte, eroberte Wilhelm für den Kaiser Aquitanien und wurde zum Gouverneur dieses Gebietes ernannt. Nach siegreichen Kämpfen gegen die Sarazenen erhielt er 793 den Titel Prinz von Orange. Er begleitete Karl nach Rom, wo der Kaiser von dem Priester Zacharias ein Stück des Heiligen Kreuzes geschenkt bekam. Nach der Rückkehr zog er sich von der Welt zurück und gründete 804 in dem einsamen Tal von Gellone ein Kloster, dem Karl der Große 806 die Kreuzreliquie schenkte und das dadurch zu einem viel besuchten Wallfahrtsort wurde. Auf dem hohen Felsen, der das Kloster überragt, befinden sich die Ruinen einer Burganlage, die zur Zeit des hl. Wilhelm von einem Sarazenen, den die Bevölkerung Don Juan nannte, bewohnt wurde. Dieser Burgherr terrorisierte das Land, bis ihn der hl. Wilhelm zu einem Zweikampf herausforderte und tötete. Im Jahre 812 starb der Gründer des Klosters, und im 10. Jh. nahm der Ort seinen Namen an.

Von der Kirche, die im Jahre 1076 geweiht wurde, haben sich das dreischiffige Langhaus und der Narthex erhalten. Zu Anfang des 12. Jhs., als man die Kirche vergrößern wollte, baute man das Querhaus und die Apsis, die mit ihrer Rundbogengalerie an die romanischen Kirchen der Lombardei erinnert.

4. Straße durch Frankreich

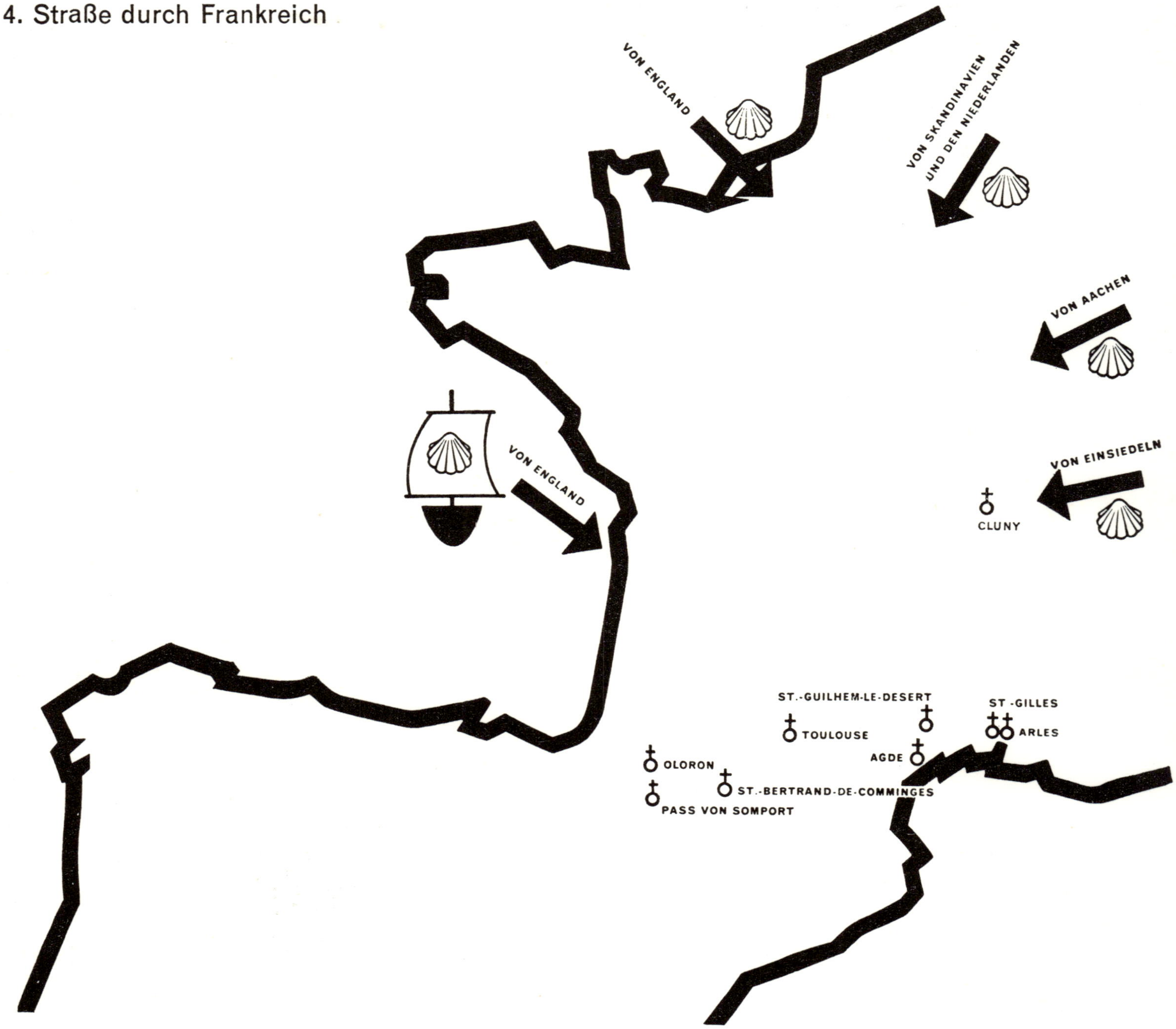

60

64

65

66

67

Arles, St.-Trophime

61 *Westportal, Johannes und Petrus*

62 *Westportal, Tympanon*

Arles, das Arelate des Altertums, wurde im 6. Jh. v. Chr. von dem griechischen Marseille aus als Handelsniederlassung gegründet. Aber erst in römischer Zeit wurde die Siedlung bedeutend, nämlich als der Konsul Marius die Rhone und den Golf von Fos durch einen Kanal verbunden hatte, und als nach der Vernichtung Marseilles durch Cäsar im Jahre 46 v. Chr. in Arles ausgediente Soldaten angesiedelt worden waren. Die Stadt wurde eines der bedeutendsten Handelszentren des Imperiums und hatte in ihrer Glanzzeit über hunderttausend Einwohner. Wegen ihrer prächtigen Bauten wurde sie auch das gallische Rom genannt. Kaiser Konstantin d. Gr. hielt sich gern hier auf, und nach der Gründung von Konstantinopel (329) wurde sie die dritte Stadt des Imperiums.

Die Barbareneinfälle im Norden bewirkten, daß im 4. Jh. der Erzbischofssitz von Lyon nach Arles verlegt wurde, wo er sich bis zur Französischen Revolution 1790 befand; neunzehn Konzile fanden in Arles statt. Im 8. und 9. Jh. wurde es wiederholt von den Sarazenen verwüstet, doch nach dem Zerfall des Reiches Karls des Großen war es 879 die Hauptstadt des Königreiches der Provence, und 1178 empfing Kaiser Barbarossa in der Kathedrale St.-Trophime die Königskrone von Arles. Nach einem republikanischen Intermezzo unterwarf sich die Stadt 1251 Karl von Anjou und wurde 1482 mit dem Anjou der französischen Krone angeschlossen. Durch den Niedergang der Schiffahrt auf der Rhone ist Arles heute zu einer ruhigen Landstadt geworden, deren zahlreiche antike und mittelalterliche Monumente von ihrer bewegten Geschichte erzählen.

Die Pilger besuchten in Arles das Grab des hl. Trophimus in der Kathedrale, die diesem geweiht ist, und den ehrwürdigen Friedhof Les Alyscamps. Der hl. Trophimus scheint ein Grieche gewesen zu sein, der frühzeitig als Evangelist in der Provence tätig war. Wahrscheinlich stammt er aus Ephesus und war ein Schüler des hl. Paulus. Eine Legende, die bis 450 nachweisbar ist, berichtet, daß er von Petrus aus Rom in die Provence geschickt worden sei, während eine andere, aus dem 12. Jh., besagt, daß er mit Maximin, Lazarus, Maria Magdalena und Martha aus dem Heiligen Land gekommen wäre. Die Juden hatten diese Christen in ein steuerloses Boot gesetzt, das dann in der Nähe der Rhonemündung an Land getrieben wurde.

Die erste Kirche St.-Trophime wurde über den Ruinen eines römischen Gerichtssaales erbaut und soll im Jahre 606 eingeweiht worden sein. Nach verschiedenen Umbauten erfolgte im 12. Jh. ein Neubau, der 1430 einen gotischen Chor bekam und im 19. Jh. restauriert wurde. Der reich mit Plastik verzierte Giebelportikus der Westfront ist in der 2. Hälfte des 12. Jhs. entstanden und dürfte das zu Anfang des Jhs. entstandene Portal in dem benachbarten St.-Gilles zum Vorbild gehabt haben. Wie dieses geht es offenbar auf die damals noch zahlreicher erhaltenen antiken Bauten Galliens zurück. Im Tympanon ist die *Majestas Domini, umgeben von den vier Evangelistensymbolen*, dargestellt. An den Gewänden und an der Front erscheinen zwischen Säulen, die auf Löwen ruhen, Heilige, darunter der hl. Trophimus und links neben der Tür die Apostel *Johannes und Petrus*. Auf der rechten Seite findet sich auch eine Figur des hl. Jakobus. Nicht nur in der Anlage des Portals, sondern auch im Gewandstil der Figuren, in den Gesichtstypen wie in der Ornamentik zeigt sich ein starker antiker Einfluß und läßt diese Fassade dadurch zu einem typischen Beispiel der romanischen Plastik in der Provence werden.

63 *Arles, Die Alyscamps (Die „Elysischen Gefilde")*

Die Allee der Gräber ist der Überrest eines Friedhofes, der von der Römerzeit bis ins hohe Mittelalter zu den berühmtesten Anlagen dieser Art in der westlichen Welt zählte. Nach römischer Sitte war er vor den Toren der Stadt längs einer Straße angelegt. Im 4. Jh. wurde er von den Christen belegt, die, nach den Ausgrabungen bei der Kirche St.-Honorat zu schließen, ihre Bestattungen zuerst in der Nähe des Grabes des hl. Genès vornahmen. Man kann drei übereinanderliegende Grabschichten unterscheiden, die aus dem 4. und 5., dem 9. und 10. und dem 12. und 13. Jh. stammen. Von weither schickte man Särge die Rhone abwärts und legte Geld für die Männer ein, die sie in Arles auffischen sollten. In der Renaissance verfiel der Friedhof; die reich skulpierten Sarkophage dienten den Fürsten als Ehrengeschenke, und die Mönche, die die siebzehn Kirchen und Kapellen auf dem Friedhof zu betreuen hatten, verwendeten Grabsteine für Neubauten. Die Pilger verehrten eine Marmorsäule in der Nähe der Rhone, an der der hl. Genès den Märtyrertod gefunden haben soll und die von seinem Blut der Legende nach ihre rötliche Färbung erhielt. Auf den Alyscamps besuchten sie nach dem „Führer“ sieben Kirchen, denn es hieß, daß bei der Auferstehung alle Seligen des Friedhofes dann für sie eintreten würden.

64 *St.-Gilles, Fassade*

Im Gegensatz zu Arles ist St.-Gilles heute eine trostlose kleine Stadt von wenig mehr als 5000 Einwohnern, aber die Fassade und die Krypta, die von der einstmals so mächtigen Benediktinerabtei übrig geblieben sind, lohnen den Besuch der Fremden.

Die Kirche hat ihren Namen nach dem hl. Gilles (Ägidius), der der Legende nach aus einem königlichen Geschlecht in Athen stammte und über Rom nach Arles gepilgert sein soll, wo er in einer Höhle an einer Quelle als Einsiedler lebte und von einer Hirschkuh ernährt wurde. Während eines Jagdzuges des westgotischen Königs Wamba wurde er entdeckt und dabei von einem Pfeil, der die Hirschkuh treffen sollte, verletzt. Der König ließ an dieser Stelle ein Kloster bauen, in dem der Heilige 725 starb. Während die Person des hl. Gilles geschichtlich ist, dürfte die Legende durch seinen Namen Ägidius, der Ziege bzw. Hirschkuh bedeutet, entstanden sein. Schon im 11. Jh. wurde er in vielen Orten verehrt, er galt als Helfer in geistiger Not wie als Patron der stillenden Mütter. Das Kloster erfreute sich der Protektion der Könige von Frankreich wie der Päpste und erreichte seine höchste Blüte im 12. Jh. Die Santiago-Pilger wie die Pilger, die ins heilige Land zogen und sich in Aigues-Mortes einschifften, machten in St.-Gilles Station, wo sie dem Goldsarkophag des Heiligen ihre Verehrung bezeugten.

Im 12. Jh. wurde ein Kirchenneubau begonnen. Eine erhaltene Inschrift von 1116 an der südlichen Außenwand dürfte einen Hinweis auf den Baubeginn geben, während ein Epitaph an der Westfront, das mit 1142 datiert ist, mit der Fertigstellung der Fassade in Verbindung zu bringen ist. Ursprünglich scheint man, wie in St.-Trophime in Arles, nur ein Mittelportal beabsichtigt zu haben, das aber im Laufe der Arbeiten eine Ausweitung auf eine Dreiportalanlage erfuhr. Vor der Wand stehen Freisäulen, hinter denen in kastenartigen Nischen Figuren der Apostel aufgestellt sind. Das Thema des plastischen Programms ist das Leben Christi. Man kann mehrere Ateliers unterscheiden: So zeigen die monumentalen Apostelstatuen in Gestik und Gewand starken antiken Einfluß und dürften in einer lokalen Werkstatt entstanden sein, während die stark bewegten Reliefs des Mittelportals auf eine tolosaner Schule zurückgehen. Die Plastik der Seitenportale wird einer Künstlergruppe aus der Ile de France zugeschrieben, und für die berühmten Figuren der Heiligen Michael und Georg, die die Fassade zu beiden Seiten begrenzen, nimmt man einen Künstler aus Cluny an. Während der dunkle Stein der arleser Fassade einen düsteren und ernsten Eindruck bewirkt, läßt der helle Stein und die Verwendung von Marmor in St.-Gilles ein festlich heiteres Bild entstehen, bei dem durch das Triumphbogenmotiv die antiken Einflüsse noch stärker hervortreten.

Der Einfluß von Cluny, dem das Kloster zeitweilig unterstellt war, zeigt sich in dem dreischiffigen Langhaus und der großen Choranlage – heute hat sich nur das Langhaus erhalten. In der mächtigen Krypta, die 50 m lang und 25 m breit ist, befindet sich noch heute das Grab des Heiligen.

In den Religionskriegen (1562) wurden Kirche und Kloster durch die Protestanten zerstört. Manche Unstimmigkeiten an der Fassade dürften auf die Restaurierung des 17. Jhs. zurückgehen. Die letzte Restaurierung fand 1842–1868 statt.

St.-Gilles, Reliefs an der Fassade

65 *Die Opfer von Kain und Abel.* Die Art der Darbringung der Opfergaben auf einem Tuch läßt auf orientalische bzw. byzantinische Vorbilder schließen. Das Relief befindet sich am Sockel des linken Gewändes des Hauptportales.

66 *Der Kampf von David und Goliath.* An der Basis der beiden Säulen rechts vom Mittelportal.

67 *Agde, St.-Etienne*

Am Ufer des Hérault, 4 km vom Mittelmeer entfernt, liegt Agde, das vom 5. Jh. bis 1790 Bischofssitz war. Die ehemalige Kathedrale St.-Etienne ist eine einschiffige, tonnengewölbte Saalkirche, aus Basalt erbaut, der aus den Steinbrüchen von Ambonne stammt.

Die zwei bis drei Meter dicken Mauern, der Zinnenabschluß und der 34 m hohe Donjon-ähnliche Turm, dessen

Spitze heute verschwunden ist, zeigen, daß die Kirche gleichzeitig als Festung erbaut worden ist. In den Religionskriegen diente sie abwechselnd Protestanten und Katholiken als Zufluchtsstätte. Die heutige Kirche hatte zwei Vorgänger: Der erste Bau wurde im 5. Jh. errichtet und im 8. Jh. zerstört; auch die zweite Kirche aus dem 9. Jh. erlitt dasselbe Schicksal.

68 *St.-Guilhem-le-Désert, Hauptstraße*
Das Dorf, das den eigenartigen Namen „Der hl. Wilhelm in der Wüste" trägt, liegt in einer seltsamen, durch nackte Felsen fremdartig wirkenden Landschaft und besteht aus einer schmalen Hauptstraße, die sich in der engen Schlucht des Flüßchens Verdus hinzieht. Es entstand im 9. Jh. im Zusammenhang mit der Klostergründung und zählt zu den am reinsten erhaltenen mittelalterlichen Siedlungen Frankreichs. Man ist heute dabei, nicht nur die Kirche, sondern auch die alten Häuser, die die Straße säumen, zu restaurieren.

St.-Guilhem-le-Désert, Abteikirche; Kapelle der Altertümer
In der nördlichen Kapelle des Querhauses hat man heute die bedeutendsten Steinplastiken, die sich im Kloster erhalten haben, untergebracht.

69 Der *Sarkophag der Albane und Bertane*, in dem die Reliquien der Schwestern des hl. Wilhelm aufbewahrt wurden, stammt aus dem 6. oder 7. Jh., ist aber später überarbeitet worden. Er zeigt an seiner Längsseite Christus zwischen den Aposteln, darüber auf dem Deckel Daniel in der Löwengrube. Das Motiv der verknoteten Vorhänge erinnert an Ravennatische Mosaiken. Die Schmalseiten zeigen die Versuchung Adam und Evas durch die Schlange und die drei Jünglinge im Feuerofen.
Die beiden einzelnen *Figuren*, die sich durch ihre Palmen als Märtyrer ausweisen, stammen aus dem Kreuzgang. Ihre überlängte Form und die übergeschlagenen Beine lassen einen Künstler des 12. Jhs. aus dem Languedoc vermuten. Süd- und Westflügel des Kreuzgangs sind heute teilweise wieder aufgebaut, die meisten plastischen Arbeiten befinden sich allerdings im Metropolitan Museum in New York. In diesem kleinen Lapidarium ist auch der Steinsarg aufgestellt, in dem die Gebeine des hl. Wilhelm nach seiner Heiligsprechung im 12. Jh. beigesetzt wurden. Es handelt sich um einen gallo-römischen Sarkophag, der im 12. Jh. überarbeitet wurde. In der Französischen Revolution wurde er zerstört und 1933 teilweise wieder zusammengesetzt.

70 *Toulouse, St.-Sernin, Jakobusfigur an der Porte Miègeville*
Die ehemalige Benediktinerabtei St.-Sernin ist nach der Zerstörung von St.-Pierre in Cluny die größte romanische Kirche Frankreichs. Diese fünfschiffige Kirche mit ihrem dreischiffigen Querhaus, großem Chor mit Umgang und fünf Radialkapellen gehört zu der Gruppe von Pilgerkirchen, die untereinander große Ähnlichkeiten besitzen, aber von den regionalen Typen abweichen. Dazu gehören die Kathedrale von Santiago, Ste.-Foy in Conques, die zerstörten Kirchen St.-Pierre in Cluny, St.-Martial in Limoges und St.-Martin in Tours.
Am Südportal, der Porte Miègeville, ist links Jakobus dargestellt, an der entsprechenden Stelle auf der rechten Seite steht Petrus – die beiden Hauptapostel des Christentums in der damaligen Auffassung. Jakobus steht zwischen zwei Baumstämmen, die der Führer des 12. Jhs. als Zypressen bezeichnet; in der einen Hand hält er das Buch des Evangelisten, die andere hat er zum Segnen erhoben. Auf dem Nimbus steht sein Name geschrieben. Am Sockel reiten zwei weibliche Gestalten auf Löwen, während in dem Mann zwischen ihnen vielleicht der Magier Simon auf den Ungeheuern vermutet werden kann. Das großflächig angelegte Gesicht, die schematischen Falten und andere Details lassen auf eine Abhängigkeit des Künstlers von den Chorumgangsreliefs schließen. Da die Seitenschiffsmauern 1119 vollendet waren, dürfte das Entstehungsdatum des Portals etwa in derselben Zeit liegen. Eine ganz ähnliche Jakobusfigur – wie es auf den ersten Blick scheinen will – trifft man an der Puerta de las Platerias in Santiago, so daß schon der Gedanke aufgetaucht ist, daß es sich um den gleichen Künstler handelt. Bei genauerer Betrachtung fallen aber starke stilistische Unterschiede auf, die diese Theorie ausschließen. Aus den erhaltenen Baudaten läßt sich auch nicht beweisen, welches der beiden Reliefs als Vorbild anzusehen ist.
Toulouse, das alte Tolosa, ist eine der ältesten Städte Südfrankreichs. Acht Kilometer südlich der heutigen Stadt lag das keltisch-ligurische Oppidum, das im Jahre 106 v. Chr. von den Römern eingenommen wurde und sich unter seinem neuen Herrn zu einer blühenden Handelsstadt in der

Ebene an der Garonne entwickelte. Im 3. Jh. lebte hier der hl. Sernin (Saturnin), der als Missionar im Languedoc tätig war und der erste Bischof von Toulouse wurde, als der er dann den Märtyrertod fand – er wurde von einem Stier zu Tode geschleift. Von 419 an war Toulouse die Hauptstadt eines westgotischen Königreiches, das von Chlodwig 506 vernichtet wurde. Unter der Herrschaft der Grafen von Toulouse vom 9. bis 13. Jh. befand sich hier einer der glanzvollsten Höfe Europas und ein künstlerisches Zentrum von weitreichender Bedeutung. Im Jahre 1271 wurde die Grafschaft mit der französischen Krone verbunden.
Die erste Kirche St.-Sernin wurde Ende des 4. Jhs. über dem Grab des Heiligen erbaut. Von Karl d. Gr. wurde sie reich mit Reliquien ausgestattet, sie besitzt heute noch den größten Reliquienschatz der französischen Kirchen. Zum Erstaunen der Pilger wurden ihnen hier ebenfalls die Gebeine des hl. Jakobus gezeigt. Im Jahre 1060 wurde die heutige Kirche begonnen, und 1096 konnte der Chor eingeweiht werden. Die Seitenschiffe standen 1119, aber der Bau dürfte nicht vor der Mitte des 12. Jhs. vollendet gewesen sein – die Fassade wurde überhaupt nie ausgeführt. Im Jahre 1855 begann Viollet-le-Duc mit der Restaurierung, die von Baudot abgeschlossen wurde.

71 *St.-Sernin, Vierungsturm*

Während die Kirche aus Hau- und Backstein erbaut ist, ist der Vierungsturm nur aus Backstein ausgeführt. Er ist ein achteckiger, sich nach oben leicht verjüngender Turm, der mit einer Spitze abschließt und dessen Gesamthöhe 65 Meter beträgt. Die drei Rundbogenetagen stammen aus dem frühen 12. Jh., während die mit Spitzbogen nach der Mitte des 13. Jhs. entstanden sind und die Spitze ins 14. Jh. zu datieren ist. Die Form dieses Glockenturmes ist für viele Türme im Languedoc vorbildlich geworden.

St.-Sernin, Reliefs im Chorumgang

72 *Majestas Domini*

73 *Prophet oder Apostel*

An der Außenseite der Kryptamauer im Chorumgang befinden sich sieben großfigurige Reliefs: In der Mitte die Majestas Domini, von den vier Evangelistensymbolen umgeben, auf den seitlichen Platten vier Engel und zwei Propheten oder Apostel. Sie sind aus dem Marmor von St.-Béat gearbeitet und dürften bei der Chorweihe von 1096 teilweise vollendet gewesen sein. Ob sie ursprünglich für diese Stelle bestimmt waren, ist ungewiß. Waren sie für das Westportal gearbeitet oder standen sie in Zusammenhang mit dem alten Hauptaltartisch, der aus dem gleichen Marmor besteht? Formal sind diese Reliefs mit denen der Kreuzgangpfeiler in Moissac eng verwandt, und beide dürften auf die Kreuzgangplastik von Santo Domingo de Silos bei Burgos zurückgehen, die, nach einem 1073–76 datierten Kapitell zu schließen, eine Generation früher entstand. Hinter dem Hauptaltar befindet sich das Grab des hl. Sernin, das in seiner heutigen Form aus dem 18. Jh. stammt.

69

71

72 73

74

75

78

79

80 81 ▶

82

83

84

74 *St.-Bertrand-de-Comminges, Gesamtansicht.*

In einem einsamen Tal am Fuße der Pyrenäen liegt auf einem isolierten Hügel St.-Bertrand-de-Comminges. Der Ort besteht aus der hoch aufragenden, festungsähnlichen Kirche und wenigen niedrigen Häusern. Nur etwa 250 Menschen wohnen hier, und man kann sich kaum vorstellen, daß hier einst die Römerstadt Lugdunum Convenarum stand, die über 60000 Einwohner zählte.

Bei seiner Rückkehr aus Spanien im Jahre 72 v. Chr. siedelte Pompejus in dem Oppidum Lugdunum Sieger und Besiegte aus allen Gegenden (convenae) an und nannte den Ort Lugdunum Convenarum. Von der Größe und Bedeutung der Stadt zeugen noch heute die zahlreichen Ruinen. Hierher schickte der Kaiser Caligula Herodes und Herodiade ins Exil. Im Jahre 409 wurde die Unterstadt von den Vandalen zerstört, und von 418–507 befand sich die Stadt in westgotischem Besitz, bis sie unter Chlodwig merowingisch wurde. Bei dem Kampf des Thronprätendenten Gondovals gegen den burgundischen König Gontran wurde die Stadt restlos zerstört. Wohl werden in den anschließenden Jahrhunderten noch Bischöfe erwähnt, aber es ist nicht geklärt, wo sie ihren Sitz hatten. Erst als Bertrand de l'Isle-Jourdain (1083–1123) zum Bischof ernannt wurde, begann ein neuer Aufstieg der Stadt. Er gründete ein Augustinerkloster, begann mit dem Bau einer Kathedrale und mit dem Wiederaufbau der Stadt, die bald zu einer bedeutungsvollen Station werden sollte. Auf Grund der vielen Wunder, die an seinem Grabe geschahen, wurde schon im 13. Jh. um seine Heiligsprechung ersucht, die dann 1309 durch Papst Clemens V. erfolgte. Das Jubiläum des Heiligen wird immer dann gefeiert, wenn die Auffindung des Heiligen Kreuzes (3. Mai) auf einen Freitag fällt. Clemens V. fühlte sich St.-Bertrand-de-Comminges ganz besonders verbunden, denn bevor er 1305 Papst geworden war, war er als Bertrand de Got Bischof von Comminges gewesen und hatte 1304 den ersten Stein zu einem Kirchenneubau gelegt. Das Bistum wurde 1793 aufgehoben, der Kirchenschatz eingeschmolzen, und die Stadt nahm den Namen Hauteville an. Als die staatlichen Verwaltungsbehörden in eine andere Stadt verlegt wurden, verlor der Ort jegliche Bedeutung. Erst die Ausgrabungen der römischen Anlagen haben das Interesse in weiteren Kreisen erwachen lassen.

75 *St.-Bertrand-de-Comminges, Kreuzgang*

Die erste Kirche auf dem Hügel von St.-Bertrand-de-Comminges wurde im Jahre 585 von den Burgundern zerstört. Erst Ende des 11. oder Anfang des 12. Jhs. wurde unter dem hl. Bertrand ein Neubau mit einem Kreuzgang begonnen; von diesem haben sich vielleicht die Kapitelle mit den Szenen aus dem Alten Testament und der Pfeiler mit den vier Evangelisten erhalten, die bei dem Umbau im 12. Jh. im westlichen Kreuzgangflügel verwendet wurden. Im 13. Jh. wurde die Anlage nach Osten und Süden erweitert, wozu man im Süden Substruktionen errichten mußte, die zu einem Ossuarium ausgebaut wurden. Vom Südflügel aus hat man einen schönen Blick in das Tal des Gar und auf die Berge von Barousse.

76 *St.-Bertrand-de-Comminges, Mausoleum des hl. Bertrand*

Pierre de Foix (1422–1450) ließ hinter dem Hochaltar der Kathedrale ein Mausoleum für den Heiligen errichten. Es ist in der Form eines Reliquienschreines erbaut. Die Seite, die dem Langhaus zugewandt ist, diente vor der Renaissanceausstattung des Chores als Altarwand. In einem Schreinaltar an der Rückseite ist ein Büstenreliquiar des Heiligen aufgestellt. Die Wand selber ist im 17. Jh. mit Szenen aus dem Leben des hl. Bertrand bemalt worden. In dem begehbaren Inneren des Mausoleums befindet sich der eigentliche Schrein, der aus Ebenholz und Silber besteht.

77 *St.-Bertrand-de-Comminges, Chor der Kathedrale*

Unter dem Bischof Bertrand de Got wurde 1304 der erste Stein zu einem größeren Kirchenbau gelegt. Von dem romanischen Bau blieben der Westturm und zwei Joche des Langhauses erhalten. Bischof Jean de Mauléon gab ein Chorgestühl mit 66 Sitzen und einen neuen Hochaltar in Auftrag, die in der Weihnachtsnacht 1535 eingeweiht werden konnten. Die Namen der Künstler sind uns bisher noch unbekannt, aber dem Stil der plastischen Ausstattung nach zu urteilen, gehören sowohl Gestühl wie Hochaltar zu einer auch in Süddeutschland, Burgund, Belgien und Spanien verbreiteten Gruppe, deren figürlicher Schmuck nach niederländischen Stichvorlagen gearbeitet wurde; diese Vorlagen stellen ihrerseits meist Abwandlungen italienischer Motive dar.

78 *Valcabrère (Ziegental), St.-Just*
Einen Kilometer von St.-Bertrand-de-Comminges entfernt, wohl noch auf ehemalig römischem Stadtgebiet, liegt die Kirche St.-Just. Der kleine Landfriedhof und die hohen Zypressen, die sie umgeben, verleihen ihr eine gewisse romantische Stimmung. Nach den neuesten Grabungen vermutet man, daß hier schon im 4. Jh. eine Kirche stand, die vielleicht dem hl. Stefan (Etienne) geweiht war. Der heutige dreischiffige Bau stammt aus dem 11./12. Jh. und wurde unter Verwendung antiker Steine erbaut. In dieser Kirche wurde der hl. Bertrand inthronisiert, und vor dem Neubau auf dem Berge diente sie wohl als Kathedrale. Gegen Ende des 12. Jhs. fand eine Restauration statt, damals wurde auch das Nordportal erbaut, und im 14. Jh. wurde der Kirchturm erneuert.
Das Friedhofsportal stammt von dem ehemaligen Franziskanerkloster in Valcabrère (13. Jh.).

79 *Valcabrère, St.-Just, Nordportal*
In den Abtreppungen des rundbogigen Portals stehen vier große Figuren; hier auf der linken Seite der hl. Stefan (Etienne), der ursprüngliche Titularheilige der Kirche, und der hl. Justus (Just). Auf der rechten Seite die hl. Helena – weil die Kirche vermutlich eine Reliquie des Heiligen Kreuzes besaß – und der hl. Pastor (Pasteur). Nach einer Urkunde aus dem Jahre 1200 wurde die Kirche damals den hl. Justus und Pastor geweiht, zwei spanischen Brüdern von acht und dreizehn Jahren, die im Jahre 304 zur Zeit der Christenverfolgungen unter dem Kaiser Diokletian in Spanien den Märtyrertod fanden. Auf den Kapitellen über den Köpfen der Figuren ist ihr Martyrium dargestellt.

Oloron-Ste.-Marie, Westportal der ehemaligen Kathedrale Ste.-Marie. Als die Sarazenen die von den Römern gegründete Siedlung auf dem Hügel zwischen den beiden Gave-Armen zerstört hatten, siedelten sich die Einwohner am linken Ufer an und errichteten eine Kirche, die sie der Mutter Gottes weihten. Auch die alte Stadt mit ihrer Kirche Ste.-Croix auf der Kuppe des Hügels wurde später, im 11. Jh., wieder aufgebaut. Die untere Kirche, Ste.-Marie, war aber inzwischen Kathedrale geworden und blieb es, bis das Bistum 1790 aufgelöst wurde. Der Vicomte Gaston IV. von Béarn nahm am zweiten Kreuzzug teil und erwarb sich durch die Erfindung einer Kriegsmaschine bei der Eroberung von Jerusalem am 15. Juli 1099 Ruhm und Ehren. Bei seiner Rückkehr fand er sein Land von den Sarazenen besetzt und verwüstet vor, und nachdem er es zurückerobert hatte, erneuerte er die Kirche Ste.-Marie und ließ das Westportal als Siegesmal seines Kampfes gegen die Ungläubigen gestalten.

80 Der *Trumeaupfeiler* zeigt als Säulenträgerfiguren zwei gefangene Sarazenen, in Typ und Gewand als solche charakterisiert.

81 Am äußeren Bogen der *Archivolten* sind die vierundzwanzig Ältesten der Apokalypse mit ihren Musikinstrumenten und Parfümflaschen dargestellt, am inneren Bogen wird das Leben der Bewohner des Béarn aufgezeigt. Da sieht man sie bei der Eberjagd, beim Lachsfang, bei der Wein- und Käsezubereitung und beim Schlachten. Am Fuße des Bogens ragt ein Ungeheuer heraus, das einen Menschen frißt; man könnte sich vorstellen, daß damit eine Sarazene gemeint ist. An der entsprechenden Stelle auf der rechten Seite sieht man den Grafen Gaston IV. zu Pferde. Rechts und links in den Zwickelfeldern über dem Portalbogen erscheinen zwei Krieger, die wohl die Wachtposten darstellen sollen, die Konstantin der Große seinerzeit vor den christlichen Kirchen aufstellen ließ und die hier symbolisch die Kirche vor den Sarazenen schützen sollen. Das Portal ist aus pyrenäischem Marmor gearbeitet, die Augen der Menschen und Tiere sind aus anderem Stein eingesetzt. Es stammt aus dem frühen 12. Jh. und ist ausnahmsweise gut erhalten.

St.-Jean-Pied-de-Port

82 *Alte Brücke über die Nive*

83 *Straße der Zitadelle*
Die alte Hauptstadt des unteren Navarra liegt sechsundzwanzig Kilometer von dem Paß von Roncesvalles oder Ibañeta entfernt. Das Rolandslied berichtet, daß Karl der Große nach der Schlacht hier die toten Paladine aufbahren

ließ und später an der Stelle ein Kloster gründete, das er Johannes dem Täufer weihte. Um das Kloster wuchs eine Stadt, die den Zusatznamen Port = col (Paß) erhielt. St.-Jean-Pied-de-Port war die letzte Station der Pilger in Frankreich. Wenn ein Pilgerzug angekündigt worden war, läuteten die Glocken aller Kirchen. Die Pilger betraten die Stadt durch das Jakobstor und zogen die *Zitadellenstraße* hinunter, wo die Einwohner vor den Häusern standen und sie mit Proviant versorgten. Die Priester sangen Gebete, und die Pilger antworteten mit dem reponsum (Antwortgesang). Vorbei an der Kirche Notre-Dame-du-Port und über die *Alte Brücke über die Nive* verließen sie die Stadt. Die Kranken und Müden konnten Aufnahme im Kloster des hl. Jakobus finden, das an der Straße der Zitadelle lag.

84 *St.-Jean-Pied-de-Port, römische Brücke über die Nive.*
Auf zwei Straßen konnten die Pilger die Pyrenäenhöhe und damit Spanien erreichen, der Bergstraße und der Talstraße. Beide sind heute noch erhalten, aber nur die letztere ist als Fahrstraße ausgebaut.
Die Bergstraße, auch die Straße von Cisa oder der Napoleonweg genannt, ist nach den neuesten Forschungen identisch mit der alten *Römerstraße*. Bei St.-Jean-Pied-de-Port hat sie noch eine Breite von 8 Metern, um dann aber bald in einen schlechten Landweg überzugehen. An dieser Straße lag eine Reihe von Klöstern, Kirchen und Hospitälern. Zuerst erreichten die Pilger das Kloster und Hospital des hl. Vincenz (Sancti Vicenti), das im Jahre 1178 als Eigentum von Santiago erwähnt ist, und nach einem steilen Aufstieg kamen sie in 1180 m Höhe zu der Kirche St.-Michel-le-Vieux. Durch Kastanien- und Buchenwälder, vorbei an den Prioraten von Erreculus und Orisson, an dem Schloß Pignon – das 1798 restlos zerstört wurde, – erreichten sie den Paß von Cisa. Den Namen „Napoleonweg“ erhielt die Straße 1813, nachdem die französische Artillerie mit 35000 Mann unter der Führung von Marschall Soult hier über die Pyrenäen gezogen war.

85 *Valcarlos*
Die Talstraße führt durch das tief eingeschnittene Tal der Nive d'Arnéguy oder der kleinen Nive, durch hohe Kastanienwälder, vorbei an steilen Felsen und den Höhen von Caindela und den Doraybergen. Es ist bezeichnend, daß das frühe Mittelalter den sehr viel schwierigeren Bergweg bevorzugte. Den Namen Valcarlos („Karlstal“) hat das Tal durch die Sage erhalten, die berichtet, daß bei dem Rückzug aus Spanien die Nachhut Karls des Großen – darunter Roland und die zwölf Paladine – am 15. August 778 durch einen Überfall der Sarazenen getötet worden sei. Der auf den Hörnerruf Rolands hin zurückeilende Kaiser brachte die Toten das Tal hinab und ließ sie bei dem heutigen St.-Jean-Pied-de-Port aufbahren.
Die historische Forschung bestätigt den Kampf und die Vernichtung der Nachhut, allerdings nicht durch die Sarazenen, sondern durch Basken, die als „Partisanen“ die schwer beweglichen Ritter angriffen. Der Ort, wo Roland den Tod fand, läßt sich nicht mehr genau fixieren; den Reisenden wird er an verschiedenen Stellen gezeigt.

86 *Paß von Roncesvalles, Ruinen der Kirche S. Salvador.*
Der Paß von Roncesvalles oder Ibañeta ist mit seiner Höhe von nur 1057 Metern der am leichtesten zu überschreitende Pyrenäenpaß.
Einer Fassung der Legende nach soll Roland hier den Tod gefunden haben, und Karl der Große soll an dieser Stelle ein Kloster gegründet haben. Im 11. Jh. werden hier auch tatsächlich ein Kloster und ein Hospital erwähnt, und die Kirche wird in Dokumenten des 12. Jhs. auch als „Kapelle Karls des Großen“ oder Rolands bezeichnet. Durch Reisebeschreibungen erfahren wir, daß sie oft zerstört wurde. So lag sie im 16. Jh. in Trümmern, auch 1794 war sie zerstört worden, und Alexander von Humboldt, der sie 1801 besuchte, fand nur noch aufragende Mauern vor. Wieder wurde ein Neubau erstellt, der aber durch die Unvorsichtigkeit der hier stationierten Soldaten 1884 abbrannte. Bei den Ausgrabungen von 1934 fand man zwei Skelette von besonderer Körpergröße, die man gern als die von Roland und Olivier identifiziert hätte. Ein modernes Denkmal für Karl den Großen und die 12 Paladine wurde 1936 zerstört.

Straße durch Spanien

Die „Straße der Könige"

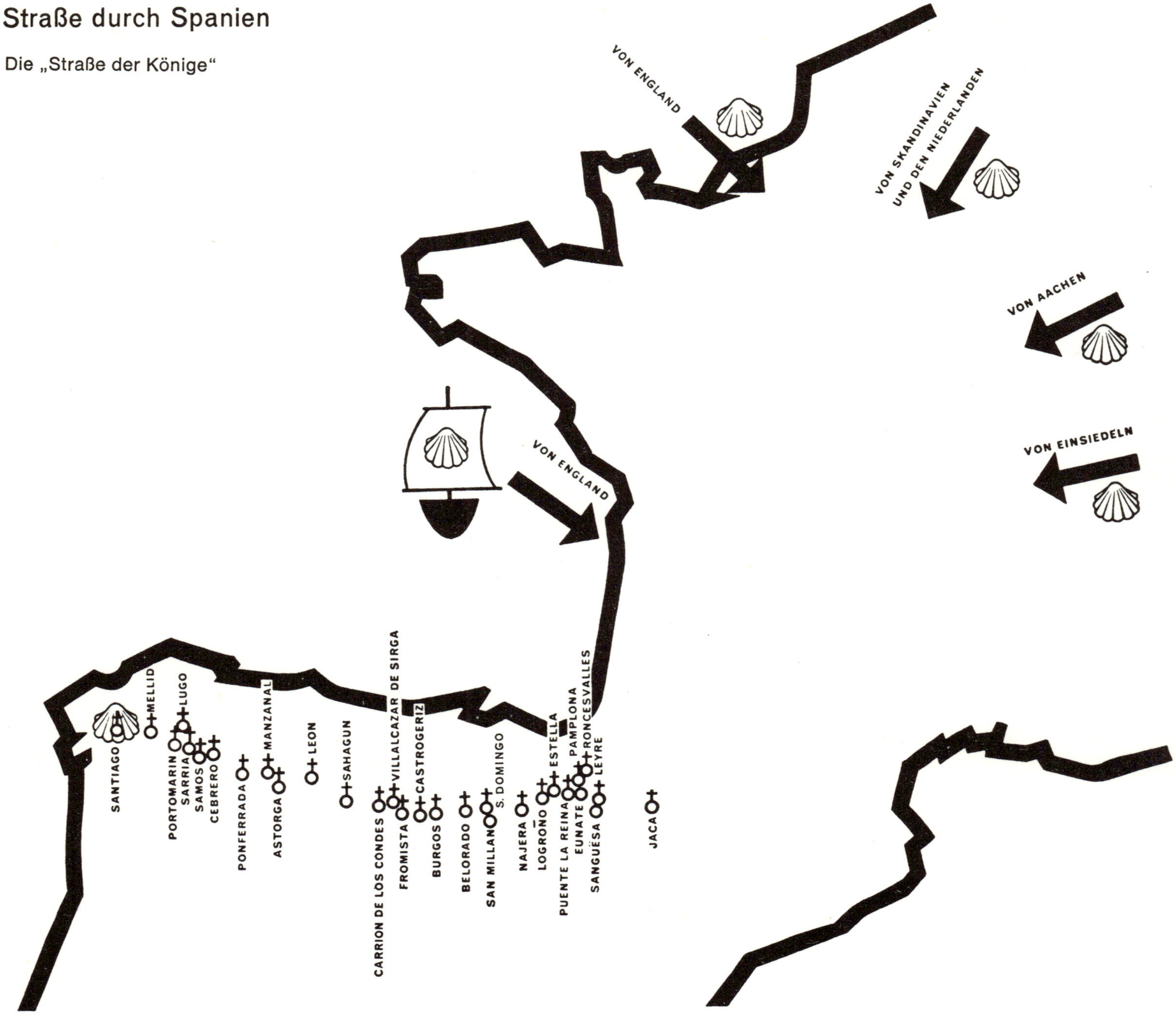

87 *Paß von Roncesvalles, Marienstele*

Neben der Kirchenruine ist eine moderne Stele errichtet, die im Relief die Maria von Roncesvalles – eine Holzstatue des 13. Jhs. auf dem Hochaltar der Marienkirche von Roncesvalles – zeigt. Eine gleiche Stele ist an der Straße nach Burguete aufgestellt.

In baskischer, spanischer und französischer Sprache wird der Pilger aufgefordert, die Madonna von Roncesvalles mit einem Salve Regina zu begrüßen. Unter der Schrift sieht man das Wappen des Klosters: Ein Kreuz, dessen oberes Ende zu einem Krummstab gebogen und von Ketten umzogen ist. Sancho der Starke, der Erbauer der heutigen Kirche, weihte nach seinem Siege über die Sarazenen bei Las Navas de Tolosa (1212) der Kirche Ketten, die er in dieser Schlacht erobert hatte.

86

EMEN·ERRATEN·DA·SALVE·BAT
ORREAGAKO·ANDREDENA·MARIARI
AQVI·SE·REZA·VNA·SALVE
A·N.S. DE·RONCESVALLES
ICI·ON·SALUE·N.D.DE·RONCEVAUX
PAR·UN·SALVE·REGINA

87

8

90

91

92

Roncesvalles

88 *Augustinerabtei von Südosten*

89 *Mittelschiff der Marienkirche*

Vom Paß von Ibañeta führt die Straße abwärts. Nach zwei Kilometern in 981 m Höhe erreicht man die Augustinerabtei von Roncesvalles, eine Gruppe von Häusern, die sich in eine Talmulde schmiegt. Die Abdeckung der Dächer mit Blech, die dem Besucher auffällt, weist auf das harte Gebirgsklima hin.

Das Kloster wurde 1127–1132 als königliches Stift und Hospital von Sancho von Larrosa (1124–1142), dem Bischof von Pamplona, und von Alfons dem Zänker, dem König von Navarra, gegründet. Die erste Kirche war der heiligen Fides, der Patronin der Kreuzfahrer, geweiht. Unter König Sancho dem Starken wurde 1194–1215 eine neue Kirche gebaut, die der Maria geweiht wurde. Es ist eine *dreischiffige Basilika* mit Emporen. Der Chor weist einen Fünf-Achtel-Schluß auf, während die Seitenschiffe gerade geschlossen sind. Die Westfront ist durch eine große Rose geschmückt. Diese Kirchenform können wir in dieser Zeit mehrfach in der Ile de France und in Burgund antreffen. Über dem Hochaltar, auf dem das hoch verehrte Bildnis der Maria von Roncesvalles steht – ein silberverkleidetes Holzbild aus dem 13. Jh. –, wölbt sich ein moderner Baldachin, der nach Motiven des Hochaltars von Gerona (14. Jh.) gearbeitet wurde. Bei der Restaurierung der Kirche 1939 wurden neue Glasfenster aus einer Münchener Werkstatt eingesetzt.

Als das Kloster gegründet wurde, gab es bereits eine Anzahl von Klöstern mit Hospitälern an den beiden Straßen, die auf den Paß von Ibañeta führten, ebenso auf der Paßhöhe selbst. Daß dieses Kloster trotzdem in Kürze alle anderen an Bedeutung und Größe überflügelte, ist weniger auf seine Gründer und Äbte zurückzuführen als auf seine Lage. Denn an dieser Stelle wurde damals der Stein gezeigt, den Roland mit dreifachem Schlag seines Schwertes Durandal gespalten haben soll, als er vergeblich versuchte, es zu zerbrechen.

Über dem Stein baute man um 1140 eine Kapelle, dem Heiligen Geist geweiht, in deren Untergeschoß sich ein Ossuarium befindet, wo die Pilger, die im Hospital gestorben waren, beigesetzt wurden. Einer Legende nach sollen auch Roland und die Paladine hier bestattet worden sein, aber das Grab Rolands wurde im 12. Jh. auch in St.-Romain in Blaye gezeigt, und das Massengrab seiner Gefährten in Belin – zwei Orte, die an der westlichen Pilgerstraße nördlich bzw. südlich von Bordeaux liegen. Im Obergeschoß, der eigentlichen Kapelle, sah der Pilger einen fast quadratischen Raum vor sich, um den ein schmaler Gang herumführte. Eine Reisebeschreibung von 1670 berichtet, daß an den Wänden die Kämpfe, die einstmals bei Roncesvalles stattgefunden hätten, dargestellt waren; in dem inneren Raum aber wurde das Grab Rolands gezeigt. Der Dachabschluß der Kapelle war als Totenleuchte gestaltet.

Aber auch in der Kirche konnten die Pilger Erinnerungsgegenstände an Roland sehen. Da wurden zwei Jagdhörner, sein Steigbügel, eiserne Streitäxte, sein Schwert gezeigt, und Alexander von Humboldt spricht sogar noch 1801 von einer vergoldeten Krone. Die Frage nach der Echtheit dieser Überlieferung hat viele Wissenschaftler beschäftigt. Als sicher ist anzunehmen, daß über den Paß von Roncesvalles die wichtigste Römerstraße nach Nordspanien führte, und man kann daraus schließen, daß Karl der Große auch über diesen Paß gezogen ist. Ferner ist wahrscheinlich, daß vor dem 12. Jh. eine legendäre mündliche Tradition vorhanden war, die von den historischen Ereignissen der Zeit Karls des Großen berichtete. Im 12. Jh. wurde diese Tradition in Verbindung mit der Pilgerbewegung gebracht, und die Ereignisse der Legenden wurden mit bestimmten Orten verbunden, wodurch die Pilgerfahrt einen neuen Aufschwung erfuhr. Die Spielleute, die die Pilgerzüge begleiteten, mögen an den langen Abenden das Rolandslied gesungen haben, das in dieser Zeit erstmalig aufgeschrieben worden ist.

Der Gedanke eines Kreuzzuges nach Spanien war besonders durch die Mönche von Cluny gefördert worden, andererseits waren es wahrscheinlich die Augustiner, die sich um das Wiederaufleben der Legenden um Karl den Großen bemüht haben. Von dem Hospiz selbst erzählen viele Reiseberichte. Es war für Menschen aller Rassen und Konfessionen geöffnet. Für Männer und Frauen gab es getrennte Häuser. Man wurde an Leib und Seele erquickt, konnte baden, sich die Haare schneiden lassen, auch die Kleider wurden geflickt und die Schuhe besohlt. Und weiter liest man in den alten Reiseberichten, daß die besten Produkte des Landes, fremdartige Früchte, von schönen und ehrenwerten Frauen dargeboten wurden. Am Portal stand immer ein Bruder, der den Vorübergehenden Brot spendete. Diese Mildtätigkeit und Barmherzigkeit wurde den Brüdern durch viele Stiftungen gelohnt. Sie hatten Landbesitz nicht nur in Spanien und Frankreich, sondern auch in Italien, Portugal und England, und die meisten der Kunstwerke, die sich in dem kleinen Klostermuseum heute befinden, stammen von Pilgern, die im Kloster gesundgepflegt worden waren. Noch im 18. Jh. diente das Hospital seinem alten Zweck und wies beträchtliche Besucherzahlen auf. Nach einer Zeit des Verfalls leben heute wieder elf Brüder im Kloster.

Roncesvalles

90 *Kapelle des hl. Augustinus*

91 *Grabmal Sanchos des Starken*
An der Ostseite des Kreuzgangs, fast unmittelbar neben der Kirche, wurde im 14. Jh. ein turmähnliches Gebäude errichtet, das im Erdgeschoß den Kapitelsaal beherbergte. Heute ist dieser Saal in die Kapelle St. Augustin umgewandelt, und die gotischen Fenster haben moderne Scheiben erhalten, die die Geschichte der Schlacht von Las Navas de Tolosa erzählen. In dem Kloster fanden König Sancho der Starke (1194–1234) und seine Gemahlin Doña Clemencia, die Tochter des Grafen von Toulouse, Raymond V., ihre letzte Ruhestätte. Ihr Neffe Teobaldo I. ließ ihnen prächtige Denkmale errichten: das des Königs, eine eindrucksvolle liegende Steinfigur mit weit offenen Augen, befindet sich heute in der Kapelle St. Augustin, während das seiner Gemahlin, das nur aus Holz gefertigt war, im 17. Jh. zerstört wurde, als man ein neues Kreuz an der Nordseite der Hauptkapelle errichtete.
Von der Decke des Kapitelsaals hängt eine Kette herab, die Sancho bei der Schlacht von Las Navas de Tolosa erbeutet haben soll.

92 *Pilgerkreuz bei Roncesvalles*
An der Straße nach Burguete steht ein Kreuz aus dem 14. Jh. Es wurde 1880 hier durch den Prior D. Francisco Polit aufgestellt, nachdem 1794 das alte Kreuz von den Franzosen zerstört worden war. Dieses Kreuz steht vor dem Abstieg in die Ebene von Burguete, in der nach dem „Führer" des 12. Jhs. der Kampf zwischen dem Heer Karls des Großen und den Truppen von Marsilio stattgefunden hatte. Das alte Kreuz an dieser Stelle war auch Rolandskreuz genannt worden.

93 *Landschaft beim Paß von Somport*
Die Pilger, die durch die Provence gezogen waren und über Toulouse Oloron erreicht hatten, wählten den Paß von Somport als Übergang über die Pyrenäen. Auch hier hatte schon eine Römerstraße bestanden; eine Inschrift bei Escot besagte, daß dies die römische Straße von Aquitanien nach Saragossa wäre. Heute wird diese Paßstraße sehr viel stärker befahren als die von Roncesvalles, sie ist immer noch die wichtigste Verbindung nach Saragossa. Auch der nur unweit östlich liegende Paß von Pourtalet wurde von den Pilgern benutzt, aber er spielte nur eine untergeordnete Bedeutung. Von Oloron stiegen die Pilger das romantische Tal der Aspe hinauf mit dem Blick auf die schneebedeckten Pyrenäengipfel, und in 1640 Meter Höhe erreichten sie den Paß von Somport („summus portus" = höchster Paß). Beim Abstieg gelangten sie hundert Meter tiefer zum Priorat und Hospital von Santa Cristina, das neben dem von Jerusalem und dem des Großen St. Bernhard als das berühmteste der Welt genannt wurde; heute sind nur noch wenige Steine und Substruktionen davon übrig geblieben. Über die Entstehung dieses Hospitals weiß man nichts, wahrscheinlich bestand an dieser Stelle zuerst eine Art Schutzhütte, die den Reisenden und Pilgern Unterkunft gewährte. Um das Jahr 1100 dagegen wird das Hospital in mehreren Urkunden erwähnt, und man vermutet, daß es Gaston IV. von Béarn, der Eroberer von Saragossa, vergrößert und mit Augustinermönchen besetzt habe. Das Kloster wird sowohl von den Königen von Aragon wie von den Vizegrafen von Béarn begünstigt und kann Anfang des 13. Jhs. vierzehn Kirchen in Frankreich und 30 Kirchen in Aragon sein eigen nennen. Aber schon im 14. Jh. beginnt ein Verfall, und in den Religionskriegen zogen sich die Mönche aus Angst vor den Ketzern des Béarn nach Jaca zurück. Im Jahre 1607 hob Papst Paul V. das Kloster auf, 1610 wird noch ein Dominikanermönch erwähnt, der für die Pilger sorgte.
Der Weg führte nun durch das liebliche Tal des Aragon, vorüber an den immer mit Schnee bedeckten Gipfeln des Collarado über Canfranc, dem alten Campo franc, heute Grenzbahnhof.

94 *Jaca, Kathedrale*
Im 8. Jh. war Jaca eine der wenigen christlichen Bastionen am Südhang der Pyrenäen und konnte gegen die Mauren gehalten werden, obwohl diese schon früh das benachbarte

Huesca besetzt hatten und immer wieder versuchten, sich in den Besitz der Paßstraße zu setzen. Wahrscheinlich ist es auch der Paß von Somport gewesen, über den sie bei ihrem ersten Ansturm im 8. Jh. gezogen waren, um bis an die Loire vorzudringen. König Iñigo und Graf Aznar konnten um 760 den maurischen Gouverneur von Huesca zurückschlagen. Auf dem Schlachtfeld, das heute Las Tiendas (die Zelte) genannt wird, wurde später eine Kapelle gebaut und der Madonna des Sieges geweiht. Am ersten Freitag im Mai stellen junge Mädchen den Kampf der Sarazenen gegen die Christen dar, zur Erinnerung daran, daß Frauen wie Männer an diesem Sieg beteiligt waren.
Im 11. Jh. erlebte die Stadt ihre größte Blüte – damals war sie die Hauptstadt des Königreiches Sobracte –, und Ramiro I. ließ im Jahre 1040 mit dem Bau der Kathedrale beginnen, die unter den anderen Bauten dieser Zeit in Spanien wie in Frankreich durch eine sehr fortschrittliche Gliederung des Außen- wie Innenbaus hervorragt. Der Außenbau hat im wesentlichen seinen ursprünglichen Anblick bewahrt, während der Innenraum im Laufe der Zeit mehrfach verändert wurde; den Kreuzgang des 11. Jhs. vermauerte man im 18. Jh. Unter dem Hochaltar werden in einer silbernen Urne (1731) die Reliquien der hl. Orosia aufbewahrt, deren Fest vom 25.–30. Juni gefeiert wird.
In Jaca mündete auch der Pilgerweg, der über den Pourtaletpaß führte. Auf dem Wege nach Santiago weilten im Jahre 1154 Ludwig VII., König von Frankreich, und im Jahre 1213 der hl. Franziskus von Assisi in Jaca.

95 *Kloster San Salvador de Leire*

Auf dem Wege von Jaca nach Puente la Reina stellt das Kloster San Salvador de Leire heute die eindrucksvollste Anlage dar, die sich von den zahlreichen Klöstern und Hospitälern, die einst den Weg säumten, erhalten hat. Obwohl in den erhaltenen Klosterdokumenten nicht von Pilgern berichtet wird, ist doch anzunehmen, daß sie das Kloster besucht haben, da es in unmittelbarer Nähe der Pilgerstraße liegt. Heute zweigt ein vier Kilometer langer Fahrweg von der Hauptstraße ab und führt hinauf zum Kloster. Von der Anhöhe hat man einen weiten Blick über das Aragontal, heute zum Teil durch den modernen Stausee von Yesa gefüllt. Im Jahre 1950 wurden die Klostergebäude des 17. und 18. Jhs. unter teilweiser Verwendung der vorhandenen Ruinen wiederaufgebaut. Von den mittelalterlichen Bauten hat sich nur die Kirche erhalten, die für die romanische Baukunst von Spanien von besonderer Bedeutung ist. Der heutige Chor ist die bis auf zwei Traveen verkürzte dreischiffige Kirche des 11. Jhs.; im 13. und 14. Jh. fügten die cluniazenser Mönche das heutige einschiffige Langhaus an. Unter dem Chor hat sich die vierschiffige Krypta des 11. Jhs. erhalten, bei deren Bau Kapitelle des 9. Jhs. verwendet wurden und die später als Pantheon der Könige von Navarra diente.
Wenn man weiter die Straße nach Puente la Reina verfolgt, sieht man auf der rechten Seite eine in den Fels eingeschlagene Straße und die zerstörte einbogige Brücke über die Schlucht Foz de Lumbier; hier haben wir wieder ein Stück der Pilgerstraße vor uns.

Puente la Reina (Navarra)

96 *Portal der Kirche des Gekreuzigten*

97 *Hauptstraße mit Jakobuskirche*

98 *Blick auf die Stadt mit der Brücke über die Arga*

Die Brücke über die Arga – die Puente de Arga oder Puente Regina – wurde von Doña Mayor, der Frau von Sancho dem Großen, oder von Doña Estefania, der Gattin des Garcia von Nájera, für die Pilger gestiftet. Hier in Puente la Reina trafen die beiden Pilgerstraßen über die Pässe von Roncesvalles und Somport wieder zusammen. In der Chronik des Turpin wird erzählt, daß sich Karl der Große in Puente la Reina aufgehalten hätte, nachdem er den maurischen Fürsten Aigolando in Pamplona besiegt hatte.
Im Jahre 1089 wird eine Kirche San Salvador urkundlich erwähnt, und 1090 erscheint eine Notiz, daß die dort angesiedelten Franken von dem Erzbischof von Toledo und dem Abt des Klosters Irache das Recht erhalten hätten, zwei Mühlen zu bauen.
Die langgezogene, rechteckige Stadtanlage läßt sich noch heute gut erkennen. Sie wird in der Mitte von der Hauptstraße durchschnitten, und diese findet ihre Fortsetzung in der alten Brücke, die mit fünf leicht angespitzten Bögen den Fluß überspannt. Die heutige Landstadt zählt etwa 1700 Einwohner und ist nur wenig über die alten Mauern hinausgewachsen; man kann die rechtwinklig hervorspringenden Befestigungsanlagen an der Südseite, in die moderne Häuser eingebaut sind, noch gut erkennen. Hier führt die Autostraße nach Nájera entlang, die den Argafluß auf einer modernen Eisenbrücke überquert.

Bevor die Pilger in die Stadt einzogen, kamen sie zu der Kirche und dem Kloster des Gekreuzigten, das König Garcia Ramirez 1142 an den Templerorden übergeben hatte und das nach einer Urkunde von 1146 Brot und Wein verkaufen durfte. Nach der Auflösung des Templerordens wurden das Kloster und seine Güter dem Johanniterorden übereignet, und der Großprior und Kanzler von Navarra, Don Juan de Beaumont, richtete 1446 darin ein Pilgerhospital ein. Die Pilgerstraße führt zwischen Konventgebäuden und Klosterkirche hindurch, von einem Kreuzgewölbe überdeckt. Das spitzbogige *Südportal der Kirche* dürfte Ende des 12. Jhs. errichtet worden sein. Wie die poitevinischen Portale weist es kein Tympanon auf, und die Bogenabstufungen sind mit reichem Schmuck überzogen. War im Poitou aber das figurale Element vorherrschend, so ist es hier das ornamentale. Wohl sind auch einige kleine Figuren dargestellt, aber innerhalb des Gesamtprogramms fallen sie kaum auf. Als Hinweis auf die Pilger kann man sicher die Muschelbögen ansehen. Das verschlungene vegetabilische Ornament erinnert stellenweise geradezu an arabische Schriftzüge, wie überhaupt das ganze Portal einen starken maurischen Einfluß aufweist.
Durch das Portal betritt man eine einschiffige romanische Kapelle, durch die man in eine zweite Kapelle aus dem 15. Jh. gelangt; diese ist wahrscheinlich von Don Juan de Beaumont, dem Gründer des Hospitals, als seine Grablege errichtet worden. Seine Gebeine wurden im Jahre 1577 in einen prächtigen Sarkophag an der Evangelienseite des Hauptportals umgebettet (in den Bürgerkriegen von 1836 zerstört). In der Kapelle des 15. Jhs. hängt ein eindrucksvoller Kruzifixus aus der Zeit um 1400. Die Klostergebäude wurden im 18. Jh. neu errichtet.
Von der Kirche des Gekreuzigten führt die Straße geradeaus zur Ostmauer der alten Stadt, die man ursprünglich durch ein von zwei Türmen flankiertes Tor betrat. Die lange, gerade Haupt- oder Pilgerstraße ist dadurch besonders eindrucksvoll, daß man an zahlreichen Häusern, deren Putz an der Fassade abgeblättert ist, die regelmäßige Steinsetzung der mittelalterlichen Bauten erkennt.
An der rechten Seite liegt die Jakobuskirche, die sich mit einem Südportal zur Straße öffnet. Obwohl die Kirche schon im Jahre 1142 erwähnt ist, wird das Portal aus formalen Gründen auch in das späte 12. Jh. datiert – es ist sehr schlecht erhalten. Im 16. und 18. Jh. wurde die Kirche umgebaut; ebenfalls aus dem 18. Jh. stammt der Kirchturm, der die Häuser hoch überragt und der zu einem eindrucksvollen Akzent der Stadtansicht geworden ist.

93 ▸

94

95

SASTRE

◀98 99

100

Estella

99 *Ruinen des Klosters Santo Domingo*

100 *Ehemaliger Palast der Herzöge von Granada, Kapitell mit dem Kampf Rolands gegen den sarazenischen Riesen Ferragut*

101 *Der Fluß Ega und die Kirche San Miguel*

Estella, heute eine Stadt von etwa 7000 Einwohnern, ist eine alte römische Gründung. Bis zum Jahre 1090 machten die Pilger nicht in Estella Station, sondern gingen direkt von Villatuerta über Zarapuz nach Irache. Im Jahre 1090 siedelte aber der König Sancho Ramirez Franken in Lizarra an, einem kleinen Ort auf dem rechten Egaufer, gegenüber von Estella und nur drei Kilometer von der Pilgerstraße entfernt. Die schöne Lage dieser neuen Siedlung am Fuße eines Hügels, auf dem sich ein Schloß befand, die grüne, fruchtbare Landschaft, das gute Wasser der Ega und die Gastfreundschaft der ihnen verwandten Bewohner zogen die Pilger an. Die Kirche San Pedro wurde im 12. Jh. durch einen größeren Neubau ersetzt, der die Hauptkirche der neuen Siedlung wurde. In ihrem Kreuzgang, der heute noch besteht, wurden die hier verstorbenen Pilger bestattet. Im Kirchenschatz werden noch immer Handschuhe und Meßkännchen eines Bischofs von Patras gezeigt, der auf dem Wege nach Santiago hier starb. Die Andreasreliquie, die er bei sich führte, wird in einer barocken Seitenkapelle aufbewahrt. (Wir haben keinen Hinweis auf das Todesjahr dieses Bischofs, aber vielleicht ist er identisch mit einem 1270 in Acaya erwähnten Bischof aus Patras, der sich auf dem Wege nach Santiago befand.) Der der Kirche benachbarte Platz von San Martín bietet durch seinen Brunnen, seine alten Bäume und die schönen Häuser aus der romanischen bis zur Renaissancezeit, die ihn umgeben, ein eindrucksvolles Bild. Das interessanteste dieser Häuser ist der sogenannte *Palast der Herzöge von Granada*. Das Erdgeschoß ist eine offene Halle, die man durch Arkaden betritt, der erste Stock ist durch rundbogige Fenster mit Mittelsäulen gegliedert. Einen ähnlichen Aufbau hatten wir auch an den romanischen Häusern des 12. Jhs. in Cluny gesehen. Die begrenzende Säule der linken Fassadenseite zeigt an ihrem Kapitell den *Kampf Rolands* mit dem sarazenischen Riesen Ferragut.

In dieser Frankensiedlung befanden sich auch zahlreiche Hospitäler und Hospize, und der Handel nahm einen großen Aufschwung. Von der Glanzzeit im 12. und 13. Jh. zeugen die zahlreichen Kirchen und Kirchenruinen. Estella war im Laufe der Zeit mit der Frankensiedlung zusammengewachsen, nur getrennt durch die Ega. Es fiel den Fremden ebenfalls durch seine malerische Lage und seine prunkvollen Bauten auf, so daß man ihm noch bis ins 15. Jh. den Zusatznamen „die Schöne“ zubilligte. Inmitten der Altstadt erhebt sich die *Michaelskirche* (San Miguel). Während die eigentliche Kirche des 12. Jhs. von weitem gesehen hinter vielen Anbauten fast verschwindet, führt von der Stadt eine eindrucksvolle Treppe mittelalterlich steil zur Kirche hinauf, und an der Nordseite kann man ein reiches Portal bewundern, dessen Figurenschmuck zu den schönsten Werken der romanischen Plastik in Spanien zählt. Die Archivolten sind über und über mit Figürchen bedeckt. Da erscheinen Engel mit Weihrauchgefäßen, die Könige der Apokalypse, Propheten und Heilige, und an den Kapitellen der Gewändesäulen sind Szenen aus dem Leben Christi dargestellt. Ein großfiguriges Relief rechts vom Eingang zeigt die drei Marien und zwei Engel am leeren Grab. Wie San Miguel ist auch die Kirche der Madonna von Le Puy (13. Jh.) auf einem Hügel gebaut, entsprechend dem Vorbild, nach dem sie ihren Namen tragen (vgl. dazu Anmerkung zu Bild 39). Daß man überhaupt der Madonna von Le Puy eine Kirche baute, weist darauf hin, daß viele „Franken“ durch die Stadt nach Santiago zogen. Auch die Kapelle der Madonna von Rocamadour am südlichen Ausgang der Stadt ist ein Zeugnis dafür. Im Norden der Frankensiedlung, der Ega zugewandt, stehen heute die Ruinen eines Dominikanerklosters aus dem 13. Jh.; eine Urkunde berichtet, daß die Pilger hier eine Geldspende erhielten.

Heute ist die Stadt durch das jedes Jahr im Mai stattfindende Carlistentreffen bekannt. Es wird hier gefeiert, weil 1833 Don Carlos in Estella zum König proklamiert wurde, und weil sich hier von 1873–76 das Hauptquartier der Carlisten befunden hat, bevor es von den Regierungstruppen erobert wurde.

Irache, Santa Maria la Real

102 *Südliches Seitenschiff*

103 *Kreuzgang*

Drei Kilometer südwestlich von Estella liegt in unmittelbarer Nähe der Fahrstraße das Kloster Santa Maria la Real, zu dem ein mit Pappeln gesäumter Weg hinaufführt. Das Kloster ist eines der ältesten Benediktinerklöster in Navarra und wurde schon im 10. Jh. erwähnt; man hat auch schon die Vermutung geäußert, daß es bis in die westgotische Zeit zurückreicht. Die heutige Kirche stammt aus dem späten 12. Jh., sie ist dreischiffig mit Querschiff und drei Westapsiden. Die Westempore wie der obere Teil des Westturms dürften aus dem 16. Jh. stammen. Säulen mit Knospenkapitellen tragen die schweren, kantigen Gurtbögen. An der Nordseite des Chors zeigt ein Kapitell eine ganz ähnliche Darstellung des Kampfes Rolands mit dem Riesen Ferragut, wie wir sie schon am Palast der Herzöge von Granada in Estella sahen; man kann annehmen, daß die gleiche Bauhütte und der gleiche Künstler an beiden Bauten gearbeitet haben. Im spanischen Bürgerkrieg (1937), als das Kloster die gefangenen kommunistischen Anführer beherbergte, wurde es von den Inhaftierten restauriert und läßt jetzt seine schöne Steinsetzung ohne Putz wieder erkennen. An der West- und Nordseite haben sich romanische Portale erhalten, während der alte Kreuzgang im 16. Jh. durch einen Neubau ersetzt wurde. Fein profilierte Pfeiler sind hier an ihrem oberen Ende von Reliefbändern umzogen, auf denen renaissancemäßig gemischte Themen (hier Christi Geburt und die Flucht nach Ägypten) in teilweise stark antikisierender Weise dargestellt sind. Die schöne Brunnenschale des romanischen Kreuzgangs hat sich erhalten und steht in der Mitte des Kreuzgartens. Mit dem Kloster war eines der ältesten Hospitäler der Pilgerstraße verbunden. Bis 1833 war hier eine Universität untergebracht, und heute dient es einem Priesterseminar als Heim.

Nájera

104 *Kreuzgang im Kloster Santa Maria*

105 106 *Grab der Doña Blanca: Die klugen Jungfrauen und der trauernde König (1157)*

107 *Hochaltar mit der Statue der thronenden Maria*

Wie so viele Städte an der Pilgerstraße ist auch Nájera an einem Flußübergang entstanden. Eine Brücke über die Nagerilla scheint schon in römischer Zeit bestanden zu haben, die erste urkundliche Erwähnung erfolgt im Jahre 1076. Nach der Überlieferung wurde dann eine Brücke von dem hl. Juan de Ortega, einem Schüler des hl. Domingo de la Calzada, in der ersten Hälfte des 12. Jhs. erbaut oder erneuert. Am Brückenportal war eine Statue des Heiligen angebracht, und sein Jahrestag wurde in Nájera mit einer Prozession gefeiert.

Im Zuge der Wiedereroberung von Nordspanien war das Gebiet um Nájera im Jahre 923 durch Ordoño II. von León und Sancho García I. von Navarra zurückerobert worden, und während des 10. und 11. Jhs. befand sich hier die Residenz der navarresischen Bischöfe. Hier prägte Sancho der Große das erste christliche Geld nach der Reconquista und verlegte den Pilgerweg, der ursprünglich weiter nördlich durch baskisches Gebiet führte, über die Stadt.

Am 12. Dezember 1052 gründeten König Don García el de Nájera und Doña Estefania eine Kirche und ein Kloster, das der Muttergottes geweiht wurde; man baute es an der Stelle, wo nach der Legende der König in einer Felsengrotte eine Marienstatue, eine Lampe und eine Glocke gefunden hatte. Die Kirche wurde am 29. Juni 1056 durch den Erzbischof von Narbonne, Guillermo Guifredo, und den Bischof von Nájera eingeweiht. König Alfons VI. unterstellte sie im Jahre 1079 dem Kloster von Cluny. Mit der Verlegung des Bistums nach Calahorra im 12. Jh. begann der Niedergang und eine immer stärker werdende Verschuldung des Klosters.

Die heutige Kirche ist ein Neubau des 15. Jhs., und wird derzeit restauriert. An der Westseite befindet sich die Grotte mit den Sarkophagen der Könige von Navarra, León und Kastilien. Alle Sarkophage erhielten im 16. Jh. neue figural dekorierte Deckplatten. Das Oberteil des *Sarkophags der Doña Blanca*, der Gemahlin Sanchos III., steht heute in einer Kapelle an der Südseite. Auf ihm ist der Tod der Königin dargestellt: zwei Engel stehen am Sterbebett und nehmen die Seele in Gestalt eines kleinen Kindes in Empfang. Ferner sehen wir den vom Schmerz überwältigten König, der von drei Freunden gestützt wird, und an der anderen Seite die klugen und törichten Jungfrauen. Die Reliefs beeindrucken weniger durch technische Leistung als durch ein liebevolles Eingehen auf die seelische Situation.

Der *Hochaltar* ist ein prunkvoller, goldglänzender Retablo aus der Zeit um 1700. An seiner Stelle stand einst ein von Hans Memling gemalter Altar, der aber nach Antwerpen verkauft wurde. Die Statue der thronenden Maria dürfte nach ihren stilistischen Merkmalen aus dem 12. Jh. stammen, sie kann also nicht mit derjenigen identisch sein, die der König Don García el de Nájera einst in der Grotte fand.

Der *Kreuzgang* wurde 1517–28 im plateresken Stil erbaut, für den die flächenhafte und rein dekorative Gestaltung des Ornamentes, hier des Maßwerkes, typisch ist. Alle Figuren sind stark beschädigt.
Mit dem Kloster war das Hospital de la Abadia verbunden, das auch das Hospital des Königs Alfons VII. genannt wurde und diesen Namen noch im 19. Jh. führte. Aber die Pilger konnten auch in dem Hospital de la Cadena, das auf dem westlichen Ufer lag, Unterkunft finden. Es war dem Bischof von Calahorra und dem Kloster San Millán unterstellt. Die Fahrstraße führt heute in nordwestlicher Richtung weiter, während die Pilger früher vom Kloster Santa Maria über die Felsenhöhen direkt nach Westen weiterzogen.

San Millán de la Cogolla

108 *San Millán de Suso*

Reliquiar des hl. Aemilianus

109 *Die Räuber, die das Pferd des Heiligen geraubt haben, sind blind geworden; als sie es zurückbringen, erhalten sie ihr Augenlicht wieder*

110 *San Millán prophezeit den Fall von Cantanabria; die Übergabe von Cantanabria an den König Leovigildo*

111 *San Millán mit San Aseolo, San Etrocio und San Sofronio*

Das 537 gegründete ehemalige Benediktinerkloster San Millán de la Cogolla liegt etwa 25 km südlich von der großen Pilgerstraße. Der Weg führt an der Nagerilla entlang, löst sich dann vom Fluß und geht auf immer schlechteren Straßen westwärts bis in ein grünes Tal, in dem vor hohen, oft schneebedeckten Bergen der festungsähnliche Klosterbau auftaucht. Der Gründer des Klosters war der Eremit San Millán (Aemilianus), der im Jahre 574 starb. Der Zusatz la Cogolla (cogulla = Kapuze) weist auf das Habit des Büßers hin. Der Kult dieses Heiligen war in der Rioja und in Kastilien im Mittelalter weit verbreitet und ahmte den des hl. Jakobus teilweise nach. Wie dieser erschien der hl. Millán auf einem weißen Pferd den Christen als Helfer im Kampfe gegen die Sarazenen.
Das Kloster besteht aus zwei Anlagen: San Millán de Yuso (unten), das große Kloster im Tal, und San Millán de Suso (oben), das Kloster in den Bergen. Von dem unteren Kloster führt ein schmaler Fußpfad in etwa einer halben Stunde durch ein Tal hinauf zu der ehemaligen Einsiedelei, die weltabgeschieden an einem Berghang liegt. Die Kirche wurde Ende des 10. Jhs. vor die ehemalige Höhle gebaut, sie öffnet sich mit einem Arkadengang zum Tal hin. Auf die frühe Bauzeit weisen die maurischen Einflüsse im Innenraum hin.
Im 11. Jh. bauten die Mönche unten im Tal das Kloster San Millán de Yuso. Der heutige Bau stammt aus dem 15. Jh., und sein machtvolles und schmuckloses Äußeres hat dem Kloster auch den Namen „Escorial de la Rioja“ gegeben. Die dreischiffige Kirche (1504–40) überrascht durch die überaus prunkvolle, goldglänzende Ausstattung. Weitläufige Klostergebäude und mehrere Kreuzgänge unterstreichen die einstige Bedeutung dieses Klosters, an das auch ein Hospital für die Armen und Pilger angeschlossen war. Heute ist hier ein Priesterseminar untergebracht.
Neben einer bedeutenden Bibliothek und einem reichhaltigen Archiv bewahrt das Kloster die beiden kostbaren Elfenbeinschreine des San Millán und seines Schülers San Felipe auf. Sie wurden von Sancho dem Großen (1001–35) dem Kloster gestiftet. In der napoleonischen Zeit brach man sie auseinander und verkaufte einzelne Teile, so daß sich heute Tafeln in den Museen von Berlin, Florenz, Moskau und New York befinden. Im Jahre 1944 wurden neue Schreine in Madrid angefertigt und die restlichen Platten eingesetzt. Der *Schrein des San Millán* zeigt Szenen aus dem Leben des Heiligen, während der kleinere Schrein des San Felipe daneben auch Szenen aus dem Leben Christi aufweist.
Die schmalen, überlängten Figuren mit den mit Edelsteinen eingelegten Augen dürften von einem Künstler stammen, der byzantinische Elfenbeinarbeiten oder Miniaturen kannte. Maurische Einflüsse zeigen sich in dem architektonischen Beiwerk, in dem Hufeisenbögen auftreten. Der hl. Aemilianus und Christus sind durch ihre Größe besonders hervorgehoben.

Santo Domingo de la Calzada

112 *Betende am Grabmal des hl. Dominikus in der ehemaligen Kathedrale*

113 *Grabmal des Heiligen*

114 *Käfig mit Hühnern*

Der Ort Santo Domingo de la Calzada verdankt Entstehung und Namen dem Einsiedler und Architekten Dominikus „von der Straße". Von dem Leben des Heiligen wissen wir, daß er in dem nahen Viloria bei Belorado geboren wurde, daß er in seiner Kindheit Hirte war und sich später als Mönch in den Klöstern von Valbañera und San Millán aufhielt, bis er sich in einen Wald am Ufer der Oja als Eremit zurückzog. In der Nähe seiner Einsiedelei befand sich der Übergang der Pilger über den Fluß, und die Mühsal dieser Flußüberquerung soll ihn veranlaßt haben, hier eine Brücke zu bauen oder eine baufällige zu reparieren. Seine Einsiedelei aber wandelte er in ein Hospiz um, das die Urzelle der heutigen Stadt werden sollte. König Alfons VI. besuchte ihn 1076, als er die Rioja besetzte und förderte durch Schenkungen seine Gründung. Im Jahre 1106 weihte der Bischof von Calahorra die Kirche zu Ehren des Erlösers und der Maria ein. Die Tradition schreibt dem hl. Dominikus den Bau des gesamten südlichen Pilgerweges zu. Wenn das auch nicht der Fall ist, so ist doch als sicher anzunehmen, daß ihm das Stück zwischen Nájera und Redecilla zu verdanken ist.

Im Jahre 1168 wurde ein Kirchenneubau begonnen, der 1180 eingeweiht werden konnte und einen der frühesten gotischen Bauten Spaniens darstellt. Vor der Südseite der Kirche steht der 1767 errichtete barocke Glockenturm.

Das *Grab des hl. Dominikus* befindet sich heute im südlichen Querschiff. Auf der Grabplatte, die aus dem 13. Jh. stammt, ist der aufgebahrte Heilige dargestellt, von kleinen engelähnlichen Gestalten betrauert. Die Wände des Katafalks sind mit Reliefs aus dem 15. Jh. verkleidet, die Szenen aus seinem Leben und der Legende des deutschen Pilgers darstellen. Das hohe Gitter dürfte im 18. Jh. dazugekommen sein.

Es wird von vielen Wundern berichtet, die am Grabe des Heiligen geschahen; das bekannteste ist das des deutschen Pilgers (oder des französischen), das seit dem 15. Jh. erzählt wird. Die einfachste Fassung dieser Legende ist folgende: Ein Jüngling pilgert mit seinen Eltern nach Santiago. Im Wirtshaus von Santo Domingo verliebt sich die Wirtstochter in ihn, aber da er diese Zuneigung nicht erwidert, versteckt sie einen goldenen Becher in sein Gepäck. Der Jüngling wird als Dieb angezeigt und gehängt. Die verzweifelten Eltern rufen den hl. Dominikus an, setzen ihre Pilgerfahrt nach Santiago fort, wo sie den hl. Jakobus um Hilfe anflehen und finden auf dem Rückweg ihren Sohn noch lebend am Galgen. Als sie zu dem Richter gehen, weist dieser, ohne ihnen Glauben zu schenken, auf einige Hühner, die gerade für ihn gebraten werden, und sagt, daß diese eher wieder lebendig werden würden als der gehängte Dieb. Darauf geschieht das zweite Wunder, und die Hühner fliegen davon.

Diese Legende ist mit kleinen Abweichungen oft in der französischen und deutschen Kunst dargestellt worden. Ausführlich erscheint sie in den 1903 wiederentdeckten Fresken der 1424 gestifteten Jodokkapelle in Überlingen. Die Pilger, die im 15. Jh. durch das Portal des südlichen Querschiffs die Kirche in Santo Domingo betraten, sahen an der linken Wand einen *Käfig* aus Stein, mit Rankenornament und Maßwerk verziert, in dem sich ein weißes Huhn und ein weißer Hahn befanden, zur Erinnerung an das Wunder des gehängten Pilgers. Links neben dem Käfig hängen noch heute die Fessel und der Kittel des Jünglings und an der gegenüberliegenden Wand ein Stück Holz von dem Galgen. Die Pilger steckten zwei oder drei Federn an ihren Hut, denn man sagte, daß man dann alle Mühsal des Weges leichter ertragen würde. Nach einem anderen Brauch legte man auf den Pilgerstab ein paar Brotkrumen und hielt ihn an den Käfig. Wenn die Hühner das Brot aufpickten, sollte man wohlbehalten nach Santiago gelangen, wenn sie es aber nicht annahmen, würde man unterwegs sterben.

Von dem von dem hl. Dominikus gegründeten Hospital hat sich nichts erhalten. Im 18. Jh. wurde die Einrichtung in das 1573 errichtete Franziskanerkloster übertragen.

103

104

105 106

109 110

III

112

113

114

115

116

117

118

Überlingen, Wandfresken in der Jodokkapelle
(vgl. dazu die Erläuterung zu Bild 114)
Sehr ausführlich wurde die Hühnerlegende in der 1424 gestifteten Jodokkapelle in Überlingen dargestellt.

115 *Der hl. Jakobus erhält den gehängten Jüngling am Leben. Die gebratenen Hühner des Richters fliegen davon.*

118 *Die Eltern und der gerettete Jüngling danken in Santiago dem Heiligen für seine Hilfe.*

Winnenden, Reliefs am Hochaltar der Schloßkirche
Fast 200 Jahre, von 1482 bis 1665, befanden sich das Schloß und die benachbarte Kirche von Winnenden – etwas nordöstlich von Stuttgart – im Besitz des Deutschritterordens. Im Jahre 1520 wurde ein neuer Altar aufgestellt, der Jakobus geweiht war. Im Mittelschrein ist der sitzende Heilige dargestellt, der einen Pilger und eine Pilgerin segnet. Ihm zur Seite stehen die Apostel Petrus und Paulus, der hl. Wendelin (der Schutzpatron von Winnenden) und der hl. Jodokus in Pilgertracht, der von den Angehörigen des Deutschritterordens besonders verehrt wurde. Der Legende nach war er ein bretonischer Prinz, der aller weltlichen Herrschaft entsagte und Einsiedler wurde. Die Jakobuspilger hatten den „Pilger Jodokus" zu ihrem Patron erwählt, und wir dürfen auch annehmen, daß Winnenden eine Station für diejenigen war, die von Mitteldeutschland über Einsiedeln nach Santiago zogen. Auf den Altarflügeln sind die beiden bekanntesten Pilgerlegenden im Relief dargestellt: Die obere Reihe zeigt das Leben des Jakobus und eine Andeutung der Hermogenes-Legende (vgl. die Erläuterungen zu Bild 161), während die untere die Hühnerlegende veranschaulicht:

6 117 *Die Einkehr der Eltern und des Sohnes in der Herberge.*
Der goldene Becher wird von dem Wirt in den Brotbeutel des Vaters gesteckt.
Der hl. Jakobus beschützt den Jüngling am Galgen, der in dieser Folge anstelle des Vaters den Tod erleiden soll.
Die gebratenen Hühner des Richters fliegen davon.
Der Name des Künstlers ist nicht überliefert, und das Signum J. S., das bei der Jahreszahl 1520 steht, bleibt noch ungedeutet. Nach den stilistischen Merkmalen ist er im Umkreis des Meisters Christoph von Urach zu suchen. Für diese Reliefs dürfte ihm eine Holzschnittfolge als Vorbild gedient haben.

Burgos
Diego Rodriguez Porcelos, Graf von Kastilien, gründete im Jahre 884 nach Anweisung von Alfonso III. dem Großen, König von León, die Stadt als Festung gegen die vordringenden Mauren. Sie entwickelte sich bald zu einer der wichtigsten Pilgerstationen und zeichnete sich durch die Zahl ihrer Herbergen und Hospitäler aus. Überdies wurde sie als Residenzstadt der Grafen und späteren Könige von Kastilien und León zu einem bedeutenden wirtschaftlichen Zentrum. Um das Kastell, das auf einem hundert Meter hohen Hügel auf dem rechten Ufer des Arlanzon liegt, siedelte sich die Bevölkerung an. Die Hauptstraße, die heutige Calle de Fernán Gonzales auf der Nordseite der Kathedrale, war von den Hospitälern gesäumt. Auf diese Straße öffnet sich deshalb auch die Pilgerpforte der Kathedrale. Als Fernando I. im Jahre 1037 die Königreiche Galizien, Kastilien und León vereinigt, erlebt die Stadt einen gewaltigen Aufschwung; dazu wird 1074 der Bischofssitz von Auca (Oca) hierher verlegt. In diesem Jahrhundert wurde auch der berühmte Söldnerführer Rodrigo Diaz de Vivar (1026–1099) in Burgos geboren, den die Sarazenen el Cid (von Sidi = Herr) nannten.
Als gegen Ende des 15. Jhs. die Residenz nach Valladolid verlegt wurde, war die Zeit der politischen Bedeutung der Stadt schon lange vorüber.

119 *Marientor (Arco de Santa Maria)*
Um den Zorn Karls V. nach dem Aufstand der Comuneros zu besänftigen, baute die Stadt 1536–52 das Marientor, an dem unter dem Bildnis der Maria der Kaiser mit den fünf mittelalterlichen Helden der Stadt dargestellt ist. Von der alten Anlage, die gegen Ende des 11. Jhs. errichtet worden war, haben sich zwei Halbtürme erhalten. Das Tor öffnet sich auf die Marienbrücke; hier befand sich wohl auch die älteste Brückenanlage der Stadt.

Kathedrale
Der Grundstein zu der Kathedrale Santa Maria wurde am 20. Juli 1221 von Ferdinand III. und dem Bischof Mauricius, einem Engländer, gelegt. Obwohl schon im Jahre 1230 der erste Gottesdienst abgehalten werden konnte, bedurfte es noch einer Zeit von 300 Jahren, bis die Kirche vollendet war. Die 84 m hohen Westtürme wurden 1442 bis 1458 von Hans von Köln erbaut, und der achteckige Kuppelturm über der Vierung wurde 1539 nach Entwürfen des Bildhauers Vignari begonnen und 1567 von Juan de Vallejo vollendet.

120 *Blick auf das südliche Querschiff, Vierungsturm und Chor*
Eine Treppe führt zum Südportal, der Puerta del Sarmental (1220–30) hinauf. Rechts schließt der Kreuzgang an, und links, hinter den Ruinen des ehemaligen Bischofspalastes, erblickt man die drei Maßwerkfenster des den südlichen Kapellen vorgelagerten Sakristeibaus, davor das Pilgerkreuz.

121 *Verkündigung*
Am linken Gewände der Puerta del claustro, eines Portals, das vom südlichen Querschiff in den Kreuzgang führt, ist diese Verkündigungsgruppe angebracht, eins der hervorragenden Werke der spanischen Plastik. Sie stammt aus dem frühen 14. Jh. und zeigt starke französische Einflüsse.

122 *Vierungsgewölbe*
Das Oktogon ruht auf vier mächtigen Pfeilern, die durch Bögen verbunden sind. Es wurde 1539–67 erbaut und mit reichem plastischem Schmuck im plateresken Stil versehen. In den Ecken der unteren Zone sind Figuren von Engeln zu erkennen, eine Reihe von Wappen, darunter das von Karl V. und der Stadt Burgos und die Szene der Himmelfahrt Mariä; an der Galerie darüber vegetabilische und anthropomorphe Grotesken. Die zweite Zone ist von acht Fenstern durchbrochen, zwischen denen Figuren von Propheten und Patriarchen stehen. Von der dritten Zone, die wieder acht Fenster aufweist, gehen die Spitzen des achtzackigen Sternes mit hängenden Schlußsteinen ab, der die durchbrochene und ornamental aufgelöste Kuppelwölbung bildet.

123 *Der wundertätige Kruzifixus (Santisimo Christo)*
Das hochverehrte Kruzifix in der Kathedrale von Burgos befand sich früher bis zum Jahre 1836 im Augustinerkloster, das in den Freiheitskriegen zerstört wurde. Dieses von den Pilgern vielbesuchte Kloster wurde im 15. Jh. erbaut, und sichere Hinweise deuten darauf hin, daß sich an der gleichen Stelle auch schon im 13. Jh. eine Kirche befunden hat; ursprünglich stand hier vielleicht eine Eremitage. In einer Kapelle am Kreuzgang wurde das wundertätige Kruzifix aufbewahrt. Es wurde nur freitags nach der Messe gezeigt, und immer an diesem Tag sollen seine Wunden wieder aufgebrochen sein. Nach Berichten von Reisenden war die Kapelle von goldenen und silbernen Lampen erhellt und mit zahlreichen Exvotos und Weihgaben ausgeschmückt. Drei Vorhänge verdeckten die Plastik. Der erste war schwarz und zeigte ein aufgedrucktes Kruzifix, der zweite war aus rot marmorierter Seide, und der dritte bestand aus einem gazeartigen Stoff, durch den man die Figur schon durchschimmern sah, eine Anordnung, die dem Sinn der Barockzeit für gewisse theatralische Wirkungen entspricht.
Die Legende berichtet, daß der Kruzifixus aus Nicomedia stamme und bei der Kreuzabnahme nach dem Körper des toten Christus angefertigt worden sei. Die Führer erzählten den Pilgern wohl auch, daß er aus Menschenhaut gefertigt sei. Die veristische Figur mit den gabelartig ausgebreiteten Armen dürfte gegen Ende des 14. Jhs. entstanden sein. Sie ist mit Büffelhaut überzogen und mit echtem Menschenhaar versehen. Die Straußeneier unter den Füßen sind als Symbol der Auferstehung gemeint.
An die Pilger verkaufte man Nachbildungen aus Papier und aus Silber.

124 *Die goldene Treppe (Escalera Dorada)*
Von der Puerta de la Coroneria oder Puerta Alta führt eine große zweiläufige Treppe in das nördliche Seitenschiff hinab. Sie wurde 1519 von Diego de Siloe für den Bischof Fonseca erbaut, während das vergoldete Eisengitter, das mit Grotesken und Medaillons verziert ist, von dem Franzosen Hilaire stammt. Die Treppe, die heute nur noch bei besonderen Kirchenfesten benutzt wird, war für den Kaiser und die höchsten Würdenträger bestimmt.

125 *Die Pilgerpforte (Puerta de la Pellejeria)*
Das Nordportal des nördlichen Querschiffs öffnet sich auf die alte Pilger- und Kürschnergasse, die parallel der alten Hauptstraße von Burgos läuft. Wie die goldene Treppe wurde das Portal von dem Bischof Juan Fonseca gestiftet und im Jahre 1516 von Francisco de Colonia erbaut. Das Portal sieht fast wie ein großer Renaissancealtar aus; im Gegensatz etwa zu italienischen Beispielen sind die Architekturteile über und über mit Ornament bedeckt. Auf dem bekrönenden Tympanon ist der kniende Stifter vor der

Madonna dargestellt, rechts und links die Apostel Petrus und Paulus, während Jakobus in einer Muschelnische links neben dem Portal erscheint. Über dem Torbogen sieht man die Martyrien von Johannes dem Täufer und dem hl. Vitus.

126 *Deckengewölbe der Capilla del Condestable*

An den Kapellenkranz des Chores wurde im Osten noch eine Kapelle zusätzlich angefügt, die als Grablege für den Konnetabel Pedro Hernández de Velasco, Graf von Haro und Vizekönig von Kastilien, bestimmt war. Sie wurde ab 1482 von Hans von Köln und seinem Sohn Simon oder wenigstens nach deren Plänen gebaut. Die Kuppel ist aus einem achteckigen Stern gebildet, in den ein kleinerer Stern einbeschrieben ist, der aus Fischblasenmaßwerk besteht. Die Wände sind reich im plateresken Stil geschmückt und zeigen die dafür typische Vermischung von gotischen, renaissance-italienischen und maurischen Dekorationsformen. Zwei wilde Männer halten das Wappen der gräflichen Familie.

127 *Hospital del Rey*

Die erste urkundliche Erwähnung eines Pilgerhospitals in Burgos stammt aus dem 11. Jh., später hören wir, daß Kaiser Alfons VI. (1064–1109) die Hospitäler San Juan und del Emperador gründete, und bald kamen immer mehr dazu. Das berühmteste war aber das Hospital del Rey. Es wurde Ende des 12. Jhs. von Alfonso VIII. gegründet und von den Brüdern des Calatrava-Ordens betreut. Durch zahlreiche Stiftungen war es reich und konnte zu jeder Tages- und Nachtzeit Pilger aufnehmen. Hermannus Kuenig von Vach, der es Ende des 15. Jhs. besuchte, berichtet von einer Säule, die in der Nähe des Klosters stand, zur Erinnerung daran, daß an dieser Stelle ein Prior, der hundert Pilger vergiftet hatte, durch Pfeilschüsse getötet worden war. Unter Kaiser Karl V. (1516–56) wurde es umgebaut. Durch das Eingangsportal, das mit einer Sitzstatue des Apostels bekrönt ist, gelangt man in einen Hof, an dessen linker Seite sich die Kirche befindet. Ihr Portal ist durch eine Holztür verschlossen, auf deren Flügeln im Relief links der Kaiser mit Michael und Jakobus als Fürbitter, rechts ein Pilgerzug (vgl. Bild 2) dargestellt sind. Auf der rechten Seite des Hofes steht das Haus der Pilger, über dessen Portal ein 1526 datiertes Relief mit einer Darstellung der Grablegung Christi angebracht ist.

Kloster Las Huelgas

128 *Romanischer Kreuzgang*

129 *Jakobusstatue*

Alfons VIII. von Kastilien wandelte im Jahre 1175 das Lustschloß Las Huelgas („die Mußestunden, die Erholung“) in ein vornehmes Zisterzienserinnenkloster um, das direkt dem König unterstand. Die Zahl der Stiftsdamen war auf 100 festgelegt, die ihrer Herkunft wegen nicht „sor“ (Schwester), sondern „Señora Doña“ genannt wurden.

Die Kirche wurde von 1180 bis etwa 1230 erbaut und diente als Grablege der Könige von Kastilien, zuerst für den Stifter und seine Gemahlin Eleonora von England. In einem Raum des Klosters sind heute die Waffen, Kleider und Schmuckgegenstände ausgestellt, die man beim Öffnen der Gräber fand. Da gibt es überraschend wohlerhaltene Gewänder, wie sie uns aus der Plastik gut bekannt sind, aus fein gewebtem Leinen- oder Wollfaden und mit Pelz gefüttert. Da sieht man einmal die fein plissierten Bänder, die den Kopfputz festhielten, oder das kleine Kissen, auf dem der Kopf der Toten ruhte und das ganz mit feinstem Kreuzstich geschmückt ist, so daß der Betrachter dem mittelalterlichen Menschen hier in einzigartiger Weise nahe gegenüberzustehen glaubt. Die Kirche reiht sich äußerlich ganz in den Formentypus der frühgotischen Zisterzienserbauten ein, der *kleinere Kreuzgang* mit seinen gekuppelten Säulen und Rundbogen ist sogar noch ganz der romanischen Zeit verhaftet und dürfte gleich nach 1180 entstanden sein. Um so mehr ist man deshalb überrascht, wenn man an den Decken des großen Kreuzgangs und in anderen Klosterräumen Reste von einem Stuck entdeckt, wie er nur von maurischen Handwerkern anfangs des 13. Jhs. hergestellt worden sein kann. In einer kleinen Kapelle befindet sich unter einem barocken Baldachin eine *Jakobusstatue* aus dem 14. Jh., die in der rechten Hand ein Schwert trägt. Die Scharniere der Arme weisen darauf hin, daß sie bei einer Zeremonie verwendet wurde; vielleicht fand sie bei der Aufnahme der Santiagoritter – etwa zum Ritterschlag – Verwendung.

In dem Kloster wird auch eine rote Fahne aufbewahrt, die Alfons VIII. bei der Schlacht von Las Navas de Tolosa von den Mauren erbeutete, und an dem Tag nach Fronleichnam wird hier zur Erinnerung an jene Schlacht eine Prozession abgehalten.

Frómista

130 131 *San Martín, Kapitelle des Mittelschiffs*

132 *San Martín, Mittelschiff, Nordseite*

Die größte Sehenswürdigkeit der Landstadt, die in ihren niedrigen, lehmbraunen Häusern etwa 1800 Einwohner zählt, ist die stark restaurierte Kirche San Martín. Sie ist der einzige Überrest eines Benediktinerklosters, das Doña Mayor, die Witwe Sanchos des Großen von Navarra, gegründet hat. Als zeitlicher Hinweis dient die Erwähnung in dem Testament der Königin von 1066; danach muß es zu diesem Zeitpunkt schon bestanden haben. Im 12. Jh. vereinigt die Königin Doña Urraca das Kloster mit dem von San Zoilo in Carrión, von dem es später als Priorat abhängig wird.

Es handelt sich um eine dreischiffige Kirche mit Querschiff, achteckigem Vierungsturm und drei Chorapsiden. Die Betonung der Chorpartie läßt an auvergnatische Kirchen denken, wenn der Aufbau dort auch wesentlich differenzierter gestaltet ist. An der einfachen Fassade fallen die beiden schlanken, begrenzenden Rundtürme auf, die das Schiff überragen. Wie die Kirche von Jaca, so ist auch San Martín in Frómista eine der ältesten romanischen Kirchen Spaniens; man hat auch schon an eine direkte Abhängigkeit von Jaca gedacht.

Das Langhaus ist ziemlich dunkel, da das überhöhte Mittelschiff keine Fenster aufweist. Die Kapitelle zeigen einen abwechslungsreichen Schmuck; manche sind rein ornamental und eckbetont gestaltet, andere weisen Szenen auf, die sich um den Kapitellkörper ziehen, inhaltlich oft schwer deutbar. Die Qualität der ornamentalen Kapitelle ist durchweg höher als die der figuralen, denn die Darstellung der Körper und Bewegungsmotive wirkt noch schematisch, die Faltengebung oft ein wenig primitiv.

Im Mittelalter werden in Frómista zwei Hospitäler erwähnt, das von Santiago und das von „los Palmeros“, von dem sich Reste erhalten haben. Heute kann man noch die Kirchen Santa Maria und San Pedro besuchen; die erstere stammt aus dem 16. Jh. und besitzt einen mächtigen Altar mit 29 Einzelbildern.

133 *Grajal de Campos*

Diese Burgruine, die noch heute mächtig und breit hingelagert in der kastilischen Ebene liegt, wurde Ende des 15. Jhs. erbaut, als eine der ersten Festungen, die Schutz vor der neuen Artillerie bot. Hohe, fensterlose Mauern umschließen ein Viereck, dessen Ecken durch mächtige Rundtürme verstärkt sind. Hinter dem Zinnenkranz bestand einst ein Laufgang. Im Jahre 1540 wurde ein Wohnschloß mit einem schönen Hof und Treppe daneben erbaut.

OSE ANTONIO PRIM

◀ 120 121

12

123

◀ 124 125

27

128

129 ▸

130

131

2

134

135

134 *Carrión de los Condes, Jakobuskirche*

Auf der Wegstrecke von Búrgos nach León waren Carrión de los Condes und Sahagún die bedeutendsten Pilgerstationen. Der ursprüngliche Name der Stadt, die am linken Ufer des Carrión liegt, war Santa Maria del Carrión. Sie war die Residenz der Grafen von Carrión, die in den Cidromanzen eine so düstere Rolle spielen. Danach hatten Prinzen aus diesem Grafenhaus die Töchter des Cid geheiratet, behandelten sie schlecht und wurden dafür bestraft. Zur Erinnerung an diese Grafen nahm die Stadt später den heutigen Namen an. Die Legende berichtet auch, daß Karl der Große durch Carrión gezogen sei, als er die Pilgerstraße von den Ungläubigen gesäubert hatte.

Bei dem Einzug in die Stadt kamen die Pilger zuerst zu der Kirche Santa Maria del Camino, deren Westfassade mit der eigentümlichen Plastik heute durch eine Vorhalle beschädigt und in der Wirkung beeinträchtigt ist. Der Aufbau der Fassade und die Anordnung des Schmuckes erinnern an das Poitou. Das vierfach abgetreppte, rundbogige Portal enthält kein Tympanon, den einzigen figuralen Schmuck weist die äußere Archivolte mit ihren eng aneinandergereihten Figürchen auf. Neben dem Portal sieht man zwei Reiterfiguren, einen Krieger auf einem Pferd und einen nackten Mann auf einem Löwen. Der Fries oberhalb des Portals dürfte bei dem Bau der Vorhalle verändert worden sein. Erkennbar sind noch zwei thronende Könige, drei Personen, die sich dem einen in verehrender Stellung nahen, abreitende Reiter. Zwei Elemente fallen durch ihr Thema und die Art der Darstellung auf, durch die sie sich ganz aus dem Schema des Portals lösen. Es sind die zwei Ochsenköpfe an den Kämpfern des inneren Portalbogens und das Weintraubenornament, das sich in ganz flachem Relief und sehr regelmäßig gearbeitet um den mittleren Archivoltenbogen zieht. Hier möchte man annehmen, daß dem Künstler antike Werke als Vorbild dienten.

Die eigentümliche und auch für Spanien ungewöhnliche Dekoration ließ eine lokale Legende entstehen, die schon aus einer Zeit stammen muß, in der man die Ikonographie nicht mehr verstand. Danach soll ein Stier hundert reine Jungfrauen befreit haben, die von den Christen als Tribut abgeliefert werden sollten.

Die Häuser gegenüber der Kirche lassen in ihrer Steinsetzung noch ihre mittelalterliche Herkunft erkennen. Hier befanden sich einst das Hospital und die Herberge La Herrada, die von Don Gonzalo Ruiz Girón, einem Haushofmeister des Königs, im 13. Jh. gegründet sein soll. Im Zentrum der Stadt an der Plaza Mayor erhebt sich die *Jakobuskirche*, deren Fassade sich in die Häuserreihe einfügt. Von dem romanischen Bau hat sich nur diese Fassade erhalten, das Kircheninnere ist modern, es wurde nach den Unabhängigkeitskriegen neu errichtet. Auch hier ist wieder die Verbindung mit der poitevinischen Kunst spürbar. Der sich über die ganze Fassade hinziehende Fries zählt zu den besten Stücken der romanischen Kunst in Spanien und dürfte um die Mitte des 12. Jhs. entstanden sein. Er zeigt den thronenden Christus in der Mandorla, umgeben von den vier Evangelistensymbolen, rechts und links unter Baldachinen die 12 Apostel. Die hoheitsvolle und weit entrückte Gestalt Christi ist in ein reich drapiertes Gewand von geradezu dramatischer Ornamentik der Faltengebung eingehüllt, das die Körperfunktionen aber dekorativ hervorhebt. Diesem übermächtigen Christus gegenüber treten die Apostel ganz zurück, was durch die Einordnung in einen architektonischen Rahmen noch betont wird.

Wenn wir die Stadt verlassen und den Carrión überschritten haben, taucht links das Kloster und Hospital San Zoilo auf, das im 11. Jh. von dem Grafen Gómez Díaz und seiner Frau Teresa gestiftet und Johannes dem Täufer geweiht worden ist. Als der Sohn dieses Ehepaares, Fernando, die kostbaren Reliquien des hl. Zoilo hierher brachte, nahm das Kloster seinen heutigen Namen an. Dieser Heilige hatte bei den Christenverfolgungen in der römischen Kaiserzeit in Córdoba den Märtyrertod gefunden; seine Gebeine wurden zur Zeit der Herrschaft des westgotischen Königs Sisebuto von dem Bischof Agapio in die Kirche San Félix in Córdoba überführt. Der junge Ritter hatte sich die Reliquien als Lohn für kriegerische Dienste, die er dem Emir von Córdoba geleistet hatte, ausbedungen. Von den zahlreichen Wundern, die an dem neuen Standort der Reliquien geschahen, berichtet schon 1136 ein Buch des Mönches Rodulfo.

Von der romanischen Kirche hat sich nur ein Fenster und ein Kämpfergesims erhalten, eingebaut in die barocke Fassade des 17. Jhs. Das Grab der Gründerin Teresa befindet sich aber heute noch in der Capilla Mayor. Juan de Badogaz baute einen neuen und prunkvollen Kreuzgang im plateresken Stil (1537–1604).

135 *Martin Schongauer, Jakobus als Maurentöter*

Der Kupferstich zeigt den Apostel zu Pferd im Kampf gegen die Mauren. Der Legende nach soll Jakobus dem König Ramiro I. erschienen sein und ihn zum Kampf gegen

die Sarazenen aufgefordert haben; als es dann bei Clavijo (843 oder 844) zur Schlacht gekommen war und das christliche Heer zunächst in Bedrängnis geraten war, griff er selbst mit ein und verhalf dem König zu einem großen Sieg.
Obwohl der unvollendete Kupferstich, der sich in der Albertina in Wien befindet, mit der Signatur M S bezeichnet ist, wagen es nicht alle Bearbeiter, ihn als ganz eigenhändiges Werk des Meisters zu bezeichnen.

Sahagún

136 *San Lorenzo*

137 *San Tirso*

Die Stadt Sahagún liegt etwa in der Mitte des spanischen Pilgerweges, und ihre Lage ist bestimmt durch die beiden begrenzenden Flüsse Cea und Valderaduey im Westen und Osten. Schon in der Römerzeit war dieser Platz besiedelt, aber von der alten Stadt Camala, die wahrscheinlich an der Römerstraße nach León und Lugo lag, hat sich nichts erhalten. Im frühen Mittelalter hieß die Stadt San Facundo, ein Name, der eng mit der Gründung des vom 10. bis 15. Jh. sehr bedeutenden Benediktinerklosters zusammenhängt.
Zur Zeit der Christenverfolgungen unter dem Kaiser Aurelian und Diokletian erlitten die Heiligen Facundo und Primitivo den Märtyrertod. Ihre Leichen wurden in die Cea geworfen und später von ihren Glaubensgenossen in der Nähe des Flusses bei der Siedlung Camala bestattet. Über ihrem Grab wurde in der Gotenzeit eine Kirche gebaut, die im Sommer des Jahres 833 von dem sarazenischen Heer des Almondir zerstört wurde. Ein aus Córdoba geflüchteter Mönch baute das Kloster wieder auf, aber es wurde abermals von dem Heer eines sarazenischen Herrschers – Almanzōr – vernichtet. Die Legende bringt die Klostergründung auch mit Karl dem Großen zusammen, der, nachdem er an der Cea das sarazenische Heer geschlagen hatte, an der Stätte seines Sieges ein Kloster gegründet haben soll. Im 11. Jh. bestand jedenfalls wieder ein Klosterbau, denn wir wissen, daß Alfonso VI. den hl. Hugo von Cluny um Mönche bat, die in dem Kloster die Reform einführen sollten. Außerdem bestimmte der König die Klosterkirche als seine Grablege. Sein Grab und das seiner Gemahlin Isabella haben sich in der Kapelle San Mancio erhalten.
Das Kloster lag im Westen der Stadt, nicht weit entfernt von der Cea und besteht heute fast nur noch aus Ruinen, die von einem barocken Turm überragt werden. In den Trümmern des Schiffes finden sich noch architektonische Formen, die ins 12. Jh. weisen.
Sahagún muß im Mittelalter eine reiche Stadt gewesen sein, die nicht nur als Pilgerstation eine Rolle spielte, sondern auch ein wirtschaftliches Zentrum war, denn Alfonso X. verlieh ihr 1255 das Recht, in jedem Jahr einen vierzehntägigen Jahrmarkt abzuhalten. Der Marktplatz lag im äußersten Westen der Stadt an der Cea. Die Bevölkerung war zahlreich, und es gab besondere Viertel für die Franken und Juden sowie für die Mauren, die als Handwerker in den christlichen Gebieten hoch geschätzt waren. Von den neun Kirchen, die im Mittelalter erwähnt werden, haben sich vier erhalten: San Lorenzo im nördlichen Stadtteil, Santiago und La Trinidad in der Nähe der Pilgerstraße, die durch das südliche Stadtgebiet führte und sich anhand der Häuserzeilen und Straßennamen noch gut verfolgen läßt. Von diesen Kirchen sind *San Tirso* und *San Lorenzo*, die aus dem 12.–13. Jh. stammen, besonders interessant, da sie ihre mächtigen, viereckigen Glockentürme über der Capilla Mayor erhalten haben. Der Ziegelsteinbau bedingte einfachste Schmuckformen wie Abtreppung, Sägezahnschnitt, Lisenen und Bögen, – Formen, wie sie in der romanischen Zeit auch in anderen Ziegelsteingebieten wie Norditalien und Norddeutschland auftreten. Nur die Hufeisenbögen an der Apsis von San Lorenzo weisen auf einen maurischen Einfluß hin.
Auf einem Hügel vor der Südmauer wurde im 13. Jh. ein Franziskanerkloster gegründet, das heute den Namen La Peregrina (= die Pilgerin) führt, ein Hinweis auf die Lebendigkeit der alten Pilgertradition. Von der ursprünglichen Kirche hat sich nur ein Portal erhalten, während der jetzige Bau neuklassische Formen aufweist.
Im Mittelalter hatte die Stadt neben zahlreichen Herbergen vier Hospitäler, von denen das bedeutendste das des von Alfonso VI. gegründeten Benediktinerklosters war, das besonders von den Franzosen und Deutschen aufgesucht wurde. Noch im 17. Jh. muß es viele Pilger beherbergt haben, da sich eine Notiz über den sehr großen Brotverbrauch erhalten hat.
Heute liegt Sahagún abseits der großen Straßen, und das Auto muß sich etwas mühevoll die Zufahrt erkämpfen. Die Stadt macht einen verarmten Eindruck, aber die zahlreichen Kirchen mit ihren eindrucksvollen romanischen Resten lassen ihre Bedeutung dem Besucher wieder lebendig werden.

León

Die Stadt León hat ihren Namen nach der 7. römischen Legion des Augustus, der „Legio septima gemina pia felix“ erhalten, die seit dem 1. Jh. am linken Ufer der Bernesga ein Lager besaß. Eine Mauer, die im 3. Jh. um dieses Lager gezogen wurde, hat sich noch an der Ost- und teilweise an der Westseite des Rechtecks erhalten und vermittelt eine gute Vorstellung von der Größe der Anlage. Im 4. Jh. wurde die Stadt von den Goten unter Leuwigild genommen und verblieb in deren Besitz bis zur Eroberung durch die Araber im 8. Jh. Alfonso I. von Asturien entriß sie um 755 wieder den Arabern, und Ordoño II. (914–24) verlegte seine Hauptstadt von Oviedo hierher, um sich dann König von León zu nennen. Die Sarazenen besetzten 983 erneut die Stadt, wobei Almanzor, der Reichsverweser des spanischen Omaijadenkalifen Hischam II., große Teile der Stadtmauer zerstören ließ. Doch nicht lange darauf konnte sie wieder instandgesetzt werden, als Alfonso V. (999–1028) die Stadt nunmehr endgültig zurückerobert hatte (1002). Ferdinand I. von Kastilien vereinigte sie zunächst nur für kurze Zeit mit seinem Reich, dann war sie von 1157 bis 1230 wieder selbständig; 1230 wurde sie von Ferdinand II. endgültig an Kastilien angeschlossen und erhielt nun nicht mehr den Rang einer Hauptstadt. Die große Rolle, die sie im 11. und 12. Jh. gespielt hatte, war damit zu Ende.

138 *Kathedrale Santa Maria de Regla, Westfront*

An der Stelle der heutigen Kirche bestand in römischer Zeit eine Thermenanlage, über der Ordoño II. (914–24) einen Palast mit einer Kirche erbauen ließ; bei den Sarazeneneinfällen unter Almanzör stark beschädigt, wurde beides gegen Ende des 11. Jhs. restauriert. Etwa ein Jahrhundert später riß man diese Bauten jedoch ganz ab, und Bischof Manrique de Lara legte 1199 den Grundstein zu einer neuen Kirche. Die Arbeiten wurden erst 1255 aufgenommen und besonders unter der Herrschaft von Sancho IV. (1284–95) gefördert, so daß 1303 die Einweihung stattfinden konnte. Der weiche Sandstein und die Feinheit des gotischen Dekors machten im Laufe der Jahre zahlreiche Restaurationen notwendig. So wissen wir schon von Wiederherstellungen im 15. und 17. Jh.; die letzte fand 1880–1901 statt.

Die Kathedrale von León ist einer der frühesten gotischen Bauten in Spanien, in ihr hat sich die französische Art wohl am reinsten erhalten. Der Grundriß geht auf den von Reims zurück; wie dort zeigt sich eine enge Verbindung des dreischiffigen Langhauses mit dem dreischiffigen Querhaus, während der Oberbau stark von Amiens beeinflußt ist. Die Westfassade entstand in der 2. Hälfte des 13. Jhs., wie man schon an den Maßwerkformen der Rose und der darunterliegenden Fensterreihe erkennen kann, in denen sich noch keinerlei sphärische Formen zeigen. Die zwei über 60 Meter hohen Türme ragen über die Langhausbreite hinaus. Der obere Teil der Fassade wurde im Anfang des 20. Jhs. restauriert.

Hinter einer offenen Vorhalle führen drei spitzbogige Portale in die Kirche. Ihre Tympanonfelder sind mit tief und fein ausgearbeiteten Reliefs bedeckt, die etwa zwischen 1270 und dem Anfang des 14. Jhs. entstanden sein dürften, nicht ohne Einflüsse der Pariser, Reimser und Chartreser Schule. Am Mittelportal ist die Auferstehung und das Jüngste Gericht dargestellt, an den Seitenportalen die Szenen des Marienlebens. Im Inneren sind die Glasfenster aus dem 13. bis 15. Jh., die eine Fläche von zwölfhundert Quadratmetern bedecken, von einer überwältigenden Wirkung, während der Coro wie in so vielen spanischen Kathedralen den Raumeindruck vernichtet. Die Capilla de Santiago, die von der ersten Kapelle des nördlichen Chorumgangs aus zugänglich ist, wurde von Juan de Badajoz im 16. Jh. erbaut.

139 *Kathedrale, linkes Gewände des Mittelportals*

In einem architektonischen Rahmen, zwischen Säulen, bekrönt von Baldachinen, erscheinen die Apostel Johannes, Jakobus der Ältere und Petrus. Jakobus trägt Hut, Brotbeutel und Stab des Pilgers, Petrus weist sich durch seinen Schlüssel aus, während Johannes nicht wie sonst mit dem Kelch, sondern mit einem Fäßchen dargestellt ist, als Hinweis auf sein Martyrium in einem Faß mit siedendem Öl. Die Skulpturen stammen von verschiedenen Meistern und aus verschiedenen Zeiten; die des Jakobus dürfte zu Anfang des 15. Jhs. entstanden sein.

Die Figuren stehen auf dreieckigen Plattformen über zwei spitzbogigen Blendarkaden. Die Mittelsäule unter der Jakobusfigur weist starke Abnützungen und Einkratzungen auf, die wahrscheinlich dadurch entstanden sind, daß hier die Pilger ihre Medaillen und Kruzifixe rieben.

San Isidoro, Deckenmalerei im Pantheon

140 *Jakobus*

141 *Verkündigung an die Hirten*

Alfonso V. gründete 1005 die Stiftskirche San Juan, die später den Namen San Isidoro annahm, denn Ferdinand I. von Kastilien hatte die Gebeine des hl. Isidor, der von 600 bis 636 Bischof in Sevilla gewesen war, nach León bringen lassen. Diese Überführung fand im Dezember 1063 mit einer großen und prunkvollen Prozession statt. Die Augustiner Stiftsherren, die den Kult in der Kirche übernommen hatten, zeichneten die zahlreichen Wunder des Heiligen auf. Die Kirche wurde bald zu klein und mußte im 12. Jh. durch Pedro Vitambé vergrößert werden; die Einweihung fand im Jahre 1145 statt. Dieser dreischiffige Bau mit Querhaus erinnerte stark – wenn auch in viel kleinerem Format – an die Kirche von Santiago de Compostela. Eine zweite Vergrößerung nahm Juan de Badajoz im Jahre 1513 vor, er ließ die Hauptapsis abreißen und fügte dafür die heutige Capilla Mayor an.

Schon im 11. Jh. wurde vor die Westfront des Mittelschiffes das Panteón, die Grablege der Könige, gebaut; es wurde 1808 von den Franzosen verwüstet. Der Hauptraum, die Capilla Catalina, ist etwa quadratisch. Zwei gedrungene Säulen mit großen korinthischen Kapitellen tragen sechs Kreuzgewölbe, die durch Gurtbögen abgeteilt sind. Diese Decke wurde Ende des 12. Jhs. bemalt. Da erscheint *Christus in der Mandorla*, umgeben von den vier Evangelisten, die menschliche Körper und die Köpfe ihres apokalyptischen Symbols tragen und in den Händen das dicke Evangelienbuch halten. Die Art der Darstellung mit den überlängten Körpern und den reich und kompliziert drapierten Gewändern sowie der Gesichtstypus der Gestalt Christi könnte auf byzantinische Miniaturvorbilder schließen lassen. Die Szene der *Verkündigung an die Hirten* läßt aber erkennen, daß der Künstler nicht nur an Vorbilder gebunden ist, sondern daß er auch genreartige Themen behandeln kann und sich als guter Beobachter des Hirtenlebens in seiner Heimat erweist; nur in der Darstellung des Engels fühlt er sich wieder stärker einem Vorbild verpflichtet, besonders in der Behandlung des Gewandes. Eindrucksvoll ist die Gestalt des *Jakobus*, der durch seine aufrufende Geste, den hochgestreckten linken Arm mit der übernatürlich großen Hand aus der Reihe der Apostel herausragt. Auf den anderen Feldern sind u. a. der bethlehemitische Kindermord, die Zeichen des Tierkreises, die Monate dargestellt. Deutliche Unterschriften erklären den Sinn der Szenen. Die Figuren stehen auf gelb-weißem Grund und sind in den Erdfarben Braun, Rot und Gelb ausgeführt, dazu kommen Schwarz und Indigo, ferner die Mischfarbe Grün.

142 *Kloster San Marcos, Fassade der Klosterkirche*

Im Nordwesten von León, außerhalb des eigentlichen Stadtbereiches, liegt das Kloster San Marcos, dessen Lage an einer großen Brücke für viele Klöster und Hospitäler der Pilgerstraße typisch ist. Dem heutigen Bau geht eine mittelalterliche Anlage voraus: Im Jahre 1152 stiftete die Infantin Doña Sancha ein Grundstück zum Bau für eine Kirche und ein Pilgerhospital. Die Gründung dieses Baues hat also nichts mit dem Santiago-Ritterorden zu tun, der selbst erst 1168 zur Verteidigung der Grenzen gegen den islamischen Feind gegründet wurde, aber schon im 12. Jh. wird er in Verbindung mit dem Kloster genannt und dürfte dort damals wohl schon gewisse Rechte gehabt haben. Ferdinand von Kastilien beschloß einen Neubau, der allerdings erst unter Karl V. zur Ausführung kam und zwar 1513–49 durch den Baumeister Juan de Badajoz und seine Schüler. Es ist ein großer viereckiger Bau, der rechts mit der einschiffigen Klosterkirche abschließt. Die Südfront ist als Fassade reich mit plateresken Schmuck dekoriert; über dem Hauptportal erscheint in einem fast vollplastisch gearbeiteten Relief der hl. Jakobus als Maurentöter – vielleicht ein Hinweis auf den Ritterorden. Das Kirchenportal hat seinen Statuenschmuck verloren und wirkt etwas trokken. Der obere Teil der Fassade bietet sich dar wie eine italienische Palastfront; die Pilaster sind mit Groteskenbändern geschmückt, am Fries taucht das beliebte Medaillenornament auf. Die Wappen des Kaisers sind im Giebel angebracht und an Stelle der Diamantierung und Quadrierung überzieht ein plastisch gearbeitetes Muschelornament die Mauer.

Außer diesem Hospital gab es in der Stadt noch zahlreiche andere, aber San Marcos gehört neben dem Hospital del Rey in Burgos und dem Hospital Real in Santiago zu den bemerkenswertesten Anlagen ihrer Art.

136

139

140

ANGE
LV.S
APAS
TORES

143 *San Isidoro, Schatzkammer, Christus in der Mandorla, Elfenbeinarbeit aus dem 12. Jh.*

Über die Provenienz dieses fein gearbeiteten Stückes ist nichts bekannt. Die Anbringung auf der Mandorla dürfte, nach dem Profil und dem Metallornament zu schließen, erst in späterer Zeit vorgenommen worden sein. Es wurde in letzter Zeit ergänzt und wirkungsvoll ausgestellt.

144 *Astorga, Kathedrale, Westfront*

Die eindrucksvollste Ansicht von Astorga ist der Blick von der Fahrstraße auf die Ostseite der Stadt. Man sieht da die hohe, braune Stadtmauer, die in regelmäßigen Abständen durch Halbtürme verstärkt ist, und darüber ragt der gotische Chor der Kathedrale. Ein eigentümlicher, weißgrauer Bau daneben erinnert auf den ersten Blick an ein französisches gotisches Schloß; es ist der moderne Bischofspalast von Gaudí.

Astorga hieß in der Römerzeit Asturica Augusta und war die Hauptstadt des südlichen Asturiens. Hier liefen vier große Straßen zusammen, darunter die sogenannte Silberstraße, die römische Nordsüdverbindung, die von Sevilla nach Galicien führte. Plinius bezeichnet die Stadt als „Urbs magnifica". Sie wurde von den Goten und Arabern zerstört und erlebte im 9. Jh. unter Ordoño I. eine kurze Blüte, bis sie von dem Heer des Almanzōr im 10. Jh. wieder verwüstet wurde. Da sie die letzte größere Stadt zwischen León und Santiago war und unmittelbar vor dem Aufstieg zum Rabanal- und Manzanalpaß lag, war sie eine bedeutende Pilgerstation, die sich durch zahlreiche Hospitäler und Klöster auszeichnete. Das größte Hospital war das von San Juan; hier oder vielleicht auch im Hospital von San Roque soll der hl. Franziskus 1273 auf der Durchreise nach Santiago gewohnt haben. Der Überlieferung nach soll er damals das Kloster San Francisco gegründet haben. Die Franken, die sich hier angesiedelt hatten, bewohnten ein eigenes Stadtviertel und bauten eine Kirche, die sie der Maria von Rocamadour weihten. Außerdem gab es zwei Judenviertel mit einer Synagoge.

Da die Stadtmauer aus Bruchsteinmauerwerk mit Ziegelresten, darunter römischen Inschriftstücken, besteht, kann sie erst nach der Römerzeit errichtet worden sein. Wir wissen, daß sie unter Almanzōr beschädigt wurde, und daß der Bischof Nuño sie um 1230 restaurieren ließ. Die heutige Kathedrale wurde von 1471–1693 neu erbaut. Die Fassade, im plateresken Stil reich dekoriert, überrascht durch den eigentümlichen rosa Farbton des Steins; die beiden seitlichen Türme wurden Ende des 17. Jhs. in ockergelbem Stein errichtet. In der Kirche wird ein Reliquiarium aus dem 12. Jh. mit einem Stück des hl. Kreuzes aufbewahrt. Der benachbarte Bischofspalast ist 1909 von Gaudí, dem Erbauer der Kirche Sagrada Familia in Barcelona, im neukatalanischen Stil errichtet worden.

Links neben der Kirche befand sich das Hospital San Juan. Da die Pilger in den Städten immer die Hauptkirche besuchten, legte man die Hospitäler und Herbergen gern in der Nähe an.

Straße von Astorga auf den Manzanalpaß

Von Astorga weiter nach Ponferrada gab es zwei Wege. Der eine führte über den Rabanalpaß, der andere über den Manzanalpaß; die Pilger bevorzugten den ersteren. Heute ist freilich dieser Abschnitt nicht mehr fahrbar, und von der Paßhöhe führt nur noch ein Maultierpfad in die Ebene des Bierzo hinab. Oben in 1490 m Höhe steht ein Eisenkreuz. Schon im 5. Jh., zur Zeit der Suebenherrschaft, soll hier die Einsiedelei des hl. Toribius gestanden haben und im 11. Jh. hören wir von dem Eremiten Gundeshelm (Gaucelmo), der hier eine Kirche und eine Raststätte für Pilger erbaut hatte. Möglicherweise haben die benachbarten Ruinen etwas mit diesen Bauten zu tun.

Die Straße über den Manzanalpaß wurde von den Pilgern zwar weniger benutzt, aber auf der Paßhöhe (1143 m) befindet sich noch heute das Pilgerhospiz aus dem 12. Jh., neben dem früher die Eremitage El Cristo de la Calzada stand. Im Mai ist die Fahrt über den Paß am schönsten, die Berghänge sind dann über und über mit violett blühender Heide bezogen, und die gelben Ginsterbüsche am Straßenrand intensivieren den Farbeindruck. Im Gebiet des Manzanal wohnen die Maragatos, vielleicht ein letzter Rest der Berber, die bei der islamischen Invasion ins Land kamen und die jetzt noch viele alte Sitten und Trachten bewahrt haben. Jenseits des Passes führt die Straße durch ein Kohlengebiet. Die Abbauanlagen und die kleinen, kohlenstaubgeschwärzten Bergbauorte machen nach der eindrucksvollen Landschaft der Paßauffahrt einen ziemlich traurigen Eindruck.

142

145 *Ponferrada, Templerburg*

Wahrscheinlich verdankt Ponferrada seinen Namen einer mit Eisen beschlagenen Brücke über den Sil, die Bischof Ormundo von Astorga zwischen 1082 und 1086 errichten ließ. Damals bestand die Stadt noch nicht, und die Pilger wanderten auf einer Straße, die weiter nördlich lag. Sie ließen sich mit einer Fähre über die Boëza setzen und zogen dann in der Nähe der im 10. Jh. gegründeten mozarabischen Kirche Santo Tómas de las Ollas vorbei, um schließlich auf der erwähnten Brücke, etwa einen Kilometer von der heutigen Stadt entfernt, den Sil zu überschreiten. Eine Identifizierung von Ponferrada mit dem römischen Interamnium Flavium wird heute von den meisten Wissenschaftlern abgelehnt, wenn sich auch im Bereich der Templerburg einige römische Reste erhalten haben. Die Stadtgründung dürfte auf die Bischöfe von Astorga zurückgehen, die noch 1248 den Wegzoll, der in der Stadt erhoben wurde, einnahmen. Die alte Stadt liegt auf einem Plateau, das von den Flüssen Sil und Boëza begrenzt wird, ihre Anlage läßt sich noch gut erkennen. Von der modernen Brücke über den Sil steigt eine schmale Straße, von alten Häusern gesäumt, auf die Plateauhöhe. In der Nähe erinnert der Name „Hospitalstraße“ daran, daß Isabella die Katholische im Jahre 1498 hier das königliche Hospital Santa Ana gründete. Oben führt ein Weg nach links zur Kirche Sant Andrea, deren Kirchturm die Stadt überragt. Wählt man den rechten Weg, so erreicht man die *Ruinen der Templerburg*, die etwa in der Mitte des 12. Jhs. gegründet sein muß, denn schon 1185 werden die Templer als die Herren der Stadt erwähnt. (Der Templerorden wurde 1119 von Hugo de Payens und Gottfried de Saint Omer zum Schutze der nach den heiligen Stätten wallfahrenden Pilger gegründet und 1312 von Papst Clemens V. aufgehoben). Über diese Burg und ihre Verbindung mit den Pilgern haben sich so gut wie keine Nachrichten erhalten, nur die Namen von zwei Prioren sind bekannt. Das Eingangsportal der Burg, die von dieser Seite her heute mehr einen romantischen als wehrhaften Eindruck macht, wurde in den letzten Jahren restauriert. Die Mauern sind aus Bruchstein errichtet, die Zinnenkränze bestehen aus Haustein. Großartiger ist das Bild der ganzen Anlage von der Silbrücke aus, wo sich die große Südwestmauer auf dem Steilhang des Flusses erhebt. Heute hat sich Ponferrada auf das westliche Ufer des Sil ausgedehnt. Durch das benachbarte Kohlengebiet ist eine Neustadt, fast im amerikanischen Sinn, entstanden, die in starkem Gegensatz zu der alten Stadtanlage auf dem Bergplateau steht.

146 *Straße auf den Paß von Piedrafita*

Während die alte Pilgerstraße im Tal am Valcárcelfluß bis nach Herrerias entlangging, dann nach La Fava anstieg, wo sie sich teilte, um über den Cebreropaß oder den von Piedrafita weiterzuführen, windet sich die moderne Fahrstraße in vielen Kurven bald nach Villafranca auf die Höhe hinauf. Auf der Paßhöhe von Piedrafita (1109 m) erreicht man die Grenze von León und Galizien; der Pilger erblickte hier zum erstenmal das „gelobte Land“, das Ziel seiner langen und mühevollen Reise.

Die Straße vom Cebreropaß (1293 m) nach Triacastela ist heute so schlecht, daß man sie mit dem Wagen nicht gern befährt. Trotzdem war sie früher der Hauptweg der Pilger, und vielleicht bestand hier schon eine Römerstraße. 836 soll Alfonso II. el Casto hier ein Benediktinerkloster und Hospital gegründet haben. Die heutige kleine Kirche Santa Maria del Cebrero stammt aus späterer Zeit und wird zur Zeit restauriert.

Villafranca del Bierzo

147 *Burg der Grafen von Villafranca*

148 *Kirche von Santiago, Nordportal*

Wenn man von den kargen Bergen von León in die Landschaft des Bierzo kommt, überrascht die Üppigkeit der Vegetation. Hier wachsen Akazien, Kastanien und Korkeichen, durch die Wiesen fließen kleine Bäche. Das feuchte Klima, das der nördlichen Heimat so ähnlich war, hatte schon frühzeitig Pilger als Siedler angelockt, und der Name Villafranca, den man auch sonst häufig an den Pilgerstraßen findet, weist auf eine unter Alfonso VI. gegründete Frankensiedlung hin. Die großen Kirchen und schönen Bürgerhäuser, oft mit den in Stein gehauenen Familienwappen oder gelegentlich auch mit dem Wappen der Santiago-Ritter geschmückt, beweisen, daß die Stadt noch im 18. Jh. wohlhabend und von einer gewissen Bedeutung war. Das gleiche berichten die Reisebeschreibungen der Pilger aus dieser Zeit.

Die Santiago-Kirche, heute abseits der Fahrstraße an einem kleinen Landweg liegend, war die erste Kirche, die die von Norden kommenden Pilger in der Stadt aufsuchten. Sie ist die einzige, die sich noch in ihrer romanischen Form erhalten hat, ein kleiner, einschiffiger Bau mit offenem west-

lichem Glockenstuhl und einer breiten Choranlage, die durch verkröpfte Säulen und Fenster gegliedert ist. Sie besitzt ein West- und ein Nordportal, das letztere reich geschmückt, weil es sich zur Straße hin öffnet. Es trägt den Namen „Gnadenpforte" (puerta del pardón), denn nach einer Tradition konnten die Pilger, denen es nicht mehr möglich war, Santiago zu erreichen, hier dieselben Gnaden empfangen wie dort. Das tympanonlose Säulenportal weist auf poitevinischen Einfluß hin, der sich auch an den figuralen Kapitellen des Inneren erkennen läßt.
Die Kirche Santa Maria soll zur Zeit Alfonsos VI. gegründet worden sein, ihr Zuname „de Cluniaco" läßt vermuten, daß sie mit cluniazenser Mönchen besetzt war. Doña Urraca verlieh ihr im Jahre 1120 den zehnten Teil des Wegezolls, den die Stadt einnahm. Im 14. Jh. lag sie in Ruinen und wurde im 16. Jh. durch den Grafen von Villafranca neu erbaut, später sogar mit dem Titel einer Stiftskirche versehen. Ihre Formen weisen darauf hin, daß sie erst im 18. Jh. vollendet wurde. An der reichen Innenausstattung scheinen französische und deutsche Künstler tätig gewesen zu sein.
Über den Ruinen des Hospitals San Roque wurde im 16. Jh. die Franziskanerkirche mit dem Pantheon der Familie des Marqués von Villafranca, Don Pedro de Toledo y Osorio, errichtet. Diese Familie erbaute in der zweiten Hälfte des 15. Jhs. die große Burg, die die Stadt noch heute bekrönt. Die viereckige Anlage ist mit vier gewaltigen Rundtürmen mit Zinnenkranz und kegelförmigem Dachabschluß besetzt. Die Renaissance-Einflüsse zeigen sich daran, daß die eine Seite von zwei übereinanderliegenden Fensterreihen durchbrochen ist.
Schon im Mittelalter bestanden zahlreiche Hospitäler, von denen wir das von Santiago, das 1768 noch restauriert wird, sowie die von San Roque und San Juan namentlich kennen.
Die Pilger verließen die Stadt über die Brücke, die den Burbiafluß überspannt und heute noch besteht, um weiter westwärts dem letzten Paß vor dem Ziel entgegenzuziehen.

Portomarín

149 *Straße an der Nordseite der Kirche San Juan (bzw. San Nicolas)*

150 *San Juan und die Brücken über den Miño*
Um den Pilgern den Übergang über den Miñofluß zu erleichtern, baute Pedro Peregrino um 1120 eine Brücke, von der noch heute zwei Bogen erhalten sind, der größere in der Flußmitte und der kleinere am Ufer. Sie lassen erkennen, daß die Brücke in der Mitte erhöht war und daß sie eine Breite von 3,25 m besaß. Derselbe Baumeister errichtete unmittelbar am Ufer (im Bild rechts) ein Hospital, das nach einer erhaltenen Inschrift 1126 gegründet wurde.
Schon Anfang des 10. Jhs. wird in Portomarín eine Kirche Santa Marina erwähnt und ein Klosterbau, den der Graf Don Gutierre gestiftet hatte. Durch Urkunden wissen wir ferner, daß diese Kirche 993 der von Santiago unterstellt wurde und im 12. Jh. dem Johanniterorden, der in Portomarín eine Komturei besaß.
Die heute bestehende Kirche San Juan (die zeitweilig auch San Nicolas genannt wurde), gehörte ebenfalls zu dieser Komturei. Sie ist deshalb als Festung gebaut und überragt wie ein zinnenbekrönter Klotz die niedrigen Häuser des kleinen Ortes. Die einfache Fassade ist durch ein in der Fläche zurücktretendes, leicht angespitztes Bogenfeld gegliedert und mit einem Tympanon mit Zackenarchivolte sowie einer großen Rose verziert. Um den Mittelkreis dieses Rundfensters ordnen sich zwölf Kreise, durch ein reich verziertes Band eingefaßt, dekorative Formen, die auf die zweite Hälfte des 12. Jhs. hinweisen.
Auf dem Tympanon des Nordportals ist die Szene der Verkündigung dargestellt. Ein Engel mit ausgebreiteten Flügeln weist auf Maria, die die Botschaft mit in scheuer Zurückhaltung erhobenen Händen empfängt. Der Gegensatz zwischen Himmlischem und Irdischem wird durch einen Baum in schwachem Relief zwischen beiden betont. In den reich verzierten Archivolten erscheint ein Muschelornament.
Von dem Komtureipalast, der sich gegenüber der Kirche befand, haben sich nur noch niedrige Mauern erhalten. Das Hospital San Juan lag an der Straße, die an der Nordseite der Kirche entlangführt; es wurde zum größten Teil 1944 abgebrochen. Der um die Mitte der 60er Jahre entstandene Belesar-Stausee überflutet seitdem den Ort, aber die Kirche wurde, ähnlich wie die Tempel von Abu Simbel in Ägypten, auf den benachbarten Hügel übertragen und mit neuen Häusern umgeben.

151 *Cebreroberge bei Sarria*

Das fruchtbare Land des Bierzo war schon frühzeitig die Zuflucht von Eremiten, und das Leben der Heiligen Valerio und Fructuoso wurde beispielgebend für zahllose Mönche. Im 10. Jh. bestanden in diesem Gebiet über zwanzig Klöster, von denen einige im Mittelalter hochberühmt waren und auch heute noch von einer gewissen Bedeutung sind, wie San Julián de Samos, das im 9. Jh. gegründet wurde. Durch einen Brand wurde es 1951 stark zerstört, wird aber derzeit wieder aufgebaut. Manche dieser Klöster liegen abseits der eigentlichen Pilgerhauptstraße und sind heute wegen der schlechten Straßenverhältnisse schwer zu erreichen. Die Pilger nahmen häufig die Umwege in Kauf, um den dort aufbewahrten Reliquien ihre Verehrung zu bezeugen.

152 *Lugo, Stadtmauer*

In Lugo trafen sich die Pilger, die über den Paß von Piedrafita gezogen waren, mit denjenigen, die von der Küstenstraße über Oviedo kamen.

Der Eindruck des heutigen Lugo ist bestimmt von seiner Stadtmauer. Hatten wir in León und Astorga großartige Mauerreste gesehen, die sich innerhalb bzw. am Rande der Stadt erhalten hatten, so umgibt die Mauer von Lugo auch heute noch fast vollständig den wesentlichen Teil der Stadt. Sie umschließt ein an den Ecken abgerundetes Rechteck und hat eine Länge von 2117 m; ihre Breite beträgt 3–4,5 m, und ihre Höhe erreicht heute noch 11 m. Die glatten Mauerstrecken sind in kurzen Abständen von insgesamt fünfzig mächtigen halbrunden Türmen unterbrochen. Der Wehrgang mit Zinnenkranz, der wohl ursprünglich die Mauer abschloß, ist verschwunden, an seine Stelle ist eine Promenade getreten. Auf Grund der Art des Mauerwerks hat man die Anlage in das 3. Jh. datiert; allerdings ist sie im Laufe der Zeit oft erneuert worden.

Die Stadt liegt am linken Ufer des Miño, und der Name Lugo läßt auf eine Gründung in keltischer Zeit schließen, denn Lug war der Name des keltischen Feuergottes. Unter dem Kaiser Augustus wurde sie als Lucus Augusti die Hauptstadt dieses Gebietes. Die Sueben eroberten sie 409, wobei sie durch Feuer zerstört wurde; nach dem Wiederaufbau fanden 559 und 560 hier Konzile statt. Unter dem westgotischen König Leuwigild (569–86) wurde die Stadt mit dem suebischen Reich dem westgotischen angeschlossen. Sie fiel im Jahre 714 in die Hände von Muza, dem Statthalter des omaijadischen Kalifen Welid I., 969 in die der Normannen, und 997 ist wahrscheinlich Almanzōr durch sie gezogen. Danach spielte sie in der Geschichte keine wesentliche Rolle mehr, wird aber im Mittelalter als wohlhabende Stadt erwähnt.

Neben den Mauern ist die Kathedrale ihr bedeutendstes Denkmal. Sie wurde 1129 von Raimundo de Montfort an der Stelle eines Baus aus dem 8. Jh. begonnen. Ihr Grundriß läßt das Vorbild der Kirche von Santiago erkennen. Auch der Innenraum erinnert an Santiago, wenn er auch erst im 13. Jh. gebaut wurde und durch zahlreiche Umbauten im 15., 16. und 18. Jh. verändert worden ist. Um 1769 errichtete man eine neue Fassade in barock-klassizistischem Sinn. Im Tympanon des Nordportals hat sich die Gestalt Gottvaters erhalten, die aus der ersten Hälfte des 12. Jhs. stammen dürfte. Im Mittelalter werden fünf Hospitäler in der Stadt gezählt, von denen das älteste, das schon 1118 erwähnt wird, wohl in unmittelbarer Nähe der Kathedrale lag.

Die Pilger konnten die Stadt durch zwei Tore verlassen. Die Puerta de Santiago ist heute mit einer Jakobusfigur aus dem 18. Jh. geschmückt, die den Heiligen als Maurentöter zu Pferde zeigt. Der andere Weg führte durch die Puerta Miña und über den Fluß. Die erhaltene Brücke mit ihren fünf mächtigen Spitzbogen dürfte im 14. Jh. erbaut worden sein; in ihrer Nähe lag das alte Pilgerhospital San Miguel.

143

144

145

◀ 146

148

149

150

Santiago. Westfassade der Kathedrale. (vgl. dazu die Erläuterungen zu Bild 156

153 *Galicische Landschaft*

Galicien ist das regenreichste Gebiet Spaniens und durch das gleichzeitig ozeanisch-milde Klima sehr fruchtbar. Mit seinen sanften Bergzügen, seinen Wäldern und grünen Tälern, dazu der malerischen, buchtenreichen Meeresküste im Norden und Westen zählt es zu den schönsten spanischen Landschaften. Die Bauern können Obstbau und Viehzucht treiben, und der Wein wird schon im Mittelalter gerühmt. Dem Pilger, der nach monatelanger Wanderschaft durch die Sümpfe der Landes, die Gebirge der Pyrenäen und die Dürregebiete von Kastilien und León Galicien erreicht hatte, mußte es als das gelobte Land erscheinen; in allen Reisebeschreibungen werden seine heute noch bestehenden Vorzüge gepriesen. Viele haben von der Möglichkeit Gebrauch gemacht, sich dort anzusiedeln.

Daß die Bevölkerung heute trotzdem arm ist, und daß die Bauernsöhne viel nach Südamerika auswandern, hat andere Gründe, die wohl mit der Situation der spanischen Wirtschaft im allgemeinen und dem Fehlen von Industrie zusammenhängen. Auch dem Fremdenverkehr ist das Land, abgesehen von Santiago selbst, nicht erschlossen.

Dem Reisenden fallen die altertümlichen Karren mit ihren zwei großen Scheibenrädern auf, auch die wie auf Stelzen stehenden Kornspeicher bei den Bauernhöfen.

154 *Pilgerkreuz*

In der Nähe von Lavacolla und unweit der Straße, die heute zum Flugplatz von Santiago führt, steht dieses Kreuz, das letzte vor dem Ziel. Es ist wohl gegen Ende des 16. Jhs. entstanden und später im 18. Jh. mit dem Rocaillen-Unterteil versehen worden; ursprünglich war es in der Nähe der Kapelle San Antoniño in Santiago aufgestellt.

Von hier aus ist es nicht mehr weit bis zum Mons Gaudii oder Monte del Gozo, von dem aus die Pilger zum erstenmal die drei Türme der Kathedrale von Santiago sehen konnten. Im Lauf der Zeit kam der Brauch auf, daß derjenige, der dieses Bild als erster seines Pilgerzuges sah, den Titel „Pilgerkönig“ erhielt, den er als Familienname (rey, roy, leroi) weitervererben konnte. Wer die Wallfahrt zu Pferd unternommen hatte, stieg hier ab und legte die letzte Wegstrecke zu Fuß und barhäuptig zurück.

Einen Berg mit der gleichen Bezeichnung gibt es auch vor Jerusalem.

155 *Santiago, Kathedrale, Statue des Jakobus in der Capilla Mayor*

Im 17. Jh. wurde die Capilla Mayor erneuert. Der Hochaltar von 1672 ist aus Alabaster, Jaspis und Silber in den reichen und überladenen Formen des churrigueresken Stils. Er umschließt eine sitzende Statue des Apostels Jakobus. Die stark übermalte Plastik könnte im 12. Jh. entstanden sein oder zum mindesten auf ein Vorbild aus dieser Zeit zurückgehen, das in späterer Zeit kopiert wurde. Die kostbare Pelerine aus Silber, mit Diamanten und anderen Edelsteinen besetzt, verdeckt den Körper der Gestalt fast vollständig; sie wurde 1765 gestiftet. Über eine Treppe können die Pilger hinter der Figur vorbeigehen, um sie dabei nach altem Brauch zu umarmen. Unter dem Hochaltar befindet sich die Krypta, wo in einem modernen silbernen Schrein die Gebeine des Apostels und seiner beiden Jünger Athanasius und Theodosius aufbewahrt werden. Die Reliquien wurden 1879 wieder aufgefunden, nachdem man sie 1589 aus Furcht vor den Drohungen des englischen Admirals und Seeräubers Drake versteckt hatte. Schon in der ersten Kirche war über dem Grab ein Altar errichtet worden, der unter Bischof Gelmirez durch einen prunkvollen Baldachinaltar mit silbernem Vorsatz und Aufsatz ersetzt worden war, auf dem Christus, die Evangelisten, die vierundzwanzig Ältesten der Apokalypse und die zwölf Apostel dargestellt waren.

156 *Santiago, Kathedrale, Giebel der Westfassade*

Der Pilger oder Reisende, der heute nach langer und immer noch beschwerlicher Fahrt das Ziel seiner Reise, die Kirche des Jakobus, erreicht, ist vielleicht zuerst etwas enttäuscht, denn alle Pilgerkirchen, die er bis hierher gesehen hatte, waren Werke aus dem Mittelalter, hier aber erblickt er einen, wenn auch prachtvollen, barocken Bau. Beim Eintreten stellt er dann fest, daß sich hinter der äußeren Schale die alte Kirche des 12. Jhs. verbirgt.

Die Ausgrabungen, die im Jahre 1878 im Chor der Kathedrale vorgenommen wurden, konnten unter dem Hochaltar ein römisches Mausoleum (die heutige Krypta) nachweisen. Der rechteckige Grabbau, um den ein Umgang führt, ist aus Quadern errichtet. Ein Teil des Mauerwerks, Reste eines Bodenmosaiks und von Marmorinkrustationen sind ein eindeutiger Beweis für seine Errichtung in römischer Zeit. Leider wurde es nach den Ausgrabungen umgebaut und wenn man auch die neu hinzugefügten Teile kennzeichnete, so stellt dies doch einen unwiederbringlichen Verlust dar, denn die heutige differenziertere Ausgrabungstechnik hätte möglicherweise wichtige Aufschlüsse erzielen können, – vor allem durch eine Datierung des Mosaikbodens, – von dem heute nur noch einige Steinchen vorhanden sind, die aus dem Zusammenhang gerissen, keine genauere Datierung mehr zulassen.

Die neuesten Grabungen von 1946–1959, die im Langhaus, in den Seitenschiffen und im Querhaus vorgenommen worden sind, konnten in chronologischer Reihenfolge folgende Reste aufdecken: Eine 19 m lange römische Mauer (etwa 2.–3. Jh.), eine Thermenanlage im südlichen Querhaus (etwa 3.–4. Jh.), römische Gräber aus dem 4.–5. Jh. und swebische Gräber nach dem 5. Jh. Das Mausoleum, das einzige seiner Art in der Nekropole, dürfte aus derselben Zeit wie die Mauer stammen; man hat auch schon die Möglichkeit in Betracht gezogen, daß es im 1. Jh. erbaut worden ist. Im 7. Jh. hörten die Grablegungen auf und wurden erst im 9. Jh. wiederaufgenommen. Der römische Friedhof ist der größte, den man bisher in Galicien gefunden hat, trotzdem ist der Name der zugehörigen Stadt nicht bekannt.

Die Legende berichtet andererseits, daß das Grab des Heiligen bis ins 3. Jh. verehrt worden sei, dann in Vergessenheit geriet und erst unter der Regierung Alfonsos II. (791 bis 842) unter wunderbaren Umständen wieder aufgefunden worden sei. Der Bischof der nahegelegenen Stadt Iria (heute Padrón), Theodomir, ließ um 813 eine kleine Kirche über dem Grab errichten, das laut dieser Legende durch einen Stern als das des Jakobus bezeichnet worden war (ob der Name Compostela von campus stellae, Sternfeld, kommt, ist zweifelhaft). Unter der Regierung Alfonsos III. des Großen (866–910) ersetzte der Bischof Sisnando von Iria diesen ersten Bau durch einen größeren, der 899 mit Prunk eingeweiht wurde. 997 kamen die Mauren unter Almanzōr und zerstörten die Kirche, ließen ihre silberne Glocke durch christliche Gefangene nach Córdoba bringen, aber das Grab des Apostels wurde von ihnen nicht beschädigt.

Die neuesten Grabungen konnten die Türschwelle der Kirche des Theodomir freilegen wie auch den Grundriß der zweiten, größeren Kirche Alfons' III.: Eine dreischiffige Basilika mit rechteckiger Vorhalle, Chor und einem kapellenartigen Anbau an der Nordseite, der als Baptisterium bestimmt werden konnte. Der bedeutungsvollste Fund war eine rechteckige Grabkammer im südlichen Querschiff, in der sich der Deckel des Sarkophags des Bischofs Theodomirus von Iria Flavia fand; man nimmt an, daß das Grab nach der Vernichtung der Kirche durch Almanzōr im Jahre 997 hierher übertragen wurde. Die Grabinschrift lautet:

IN HOC TUMULO REQUIESCIT
FAMULUS D̄I THEODEMIRUS
HIRIENSE SEDIS EP̄S QUI OBIIT
XIII KL̄DS NBR̄S ERA DCCCLXXXVA

(Der 13. November 885 der sog. spanischen Ära entspricht dem 20. Oktober 847 unseres Kalenders.)

Damit wurde dieser für uns bisher legendäre Bischof, unter dem das Grab des Jakobus wiedergefunden worden sein soll, eine historische Persönlichkeit. Einen Hinweis auf die Person des hl. Jakobus konnte der archäologische Befund nicht erbringen. (Vgl. dazu S. 35 ff.)

Erst im 11. Jh., als dieser Teil Nordspaniens wieder frei war, wurde unter Alfonso IV. (1072–1108) durch den Bischof Diego Peláez von Compostela ein Neubau begonnen; der Codex Calixtinus gibt als Datum das Jahr 1074 oder 1075 an. Dieser Neubau wurde unter Bischof Gelmírez (1100–1140) entscheidend gefördert, so daß 1105 die erste Teilweihe stattfinden konnte. Nach einer Stadt-Revolution 1116 wurde die Kirche als Festung umgebaut und 1168 bis 1188 das westliche Atrium, der „Portico de la Gloria" angefügt; die Schlußweihe konnte 1211 stattfinden. Die Kirche zeigt sich als dreischiffige Basilika mit sehr betontem Querschiff, Vierungskuppel, Chor mit Chorumgang und fünf Kapellen, sowie zwei viereckigen Westtürmen. Diese Form einer Pilgerkirche ist in Frankreich und Spanien immer wieder anzutreffen, natürlich mit kleinen Abweichungen; aber die Ähnlichkeiten sind so groß, daß Wechselbeziehungen bestanden haben müssen. Zu dieser Gruppe gehören u. a. St.-Sernin in Toulouse, Ste.-Foy in Conques und die zerstörten Kirchen St.-Martial in Limoges sowie St.-Martin in Tours. Die Frage, welche dieser großen und bedeutenden Pilgerkirchen das Vorbild abgegeben hat, oder ob etwa ein Vorbild im Orient angenommen werden muß, ist immer noch nicht überzeugend beantwortet worden.

Die Westfassade, das sog. *Obradoiro*, wurde 1738–1750 von Fernando Casas y Nóvoa errichtet. Mit ihren zahlreichen Voluten, den ornamentierten Säulen, den Balustergalerien und den vielen Figuren ist sie ein glänzendes Beispiel des „churrigueresken" Stils. Unter einem offenen Bogen im Giebel erscheint der Apostel Jakobus im Gewand eines Pilgers, darunter ist, von einem Engelreigen umgeben, sein Sarkophag dargestellt, auf den der Stern hinweist;

rechts und links erscheinen die Schüler des Apostels, die Heiligen Athanasius und Theodosius, deren Reliquien ebenfalls in der Kirche aufbewahrt werden. Die romanischen Türme wurden ummantelt und auf 70 Meter erhöht. Die Treppenanlage stammt aus dem 17. Jh.; die Tür zwischen den beiden Läufen führt in die Unterkirche, die mit der Oberkirche im 12. Jh. gebaut wurde.

157 *Santo d'os croques*

Am Sockel des Säulenbündels, das das Mittelportal unterteilt, befindet sich eine kniende Figur, die sich dem Kirchenschiff zuwendet. Diese Gestalt, mit einer Schriftrolle in der Hand, wird als Selbstporträt des Maestro Mateo, des Erbauers des Portico de la Gloria, angesehen. Die Kinder von Santiago reiben sich an ihr den Kopf, weil es heißt, daß sie dadurch ein gutes Gedächtnis bekämen.

158 *Santiago, Kathedrale, Portico de la Gloria*

König Ferdinand II. (1157–1188) erlaubte im Jahre 1168 dem Erzbischof von Compostela, Don Pedro Gudesteiz, der Kathedrale einen Narthex vorzubauen. Dieser Narthex ist unter dem Namen Portico de la Gloria berühmt geworden. Er wurde von Maestro Mateo ausgeführt und, nach einer Inschrift am Sturz des Mittelportals, im Jahre 1188 vollendet. Der Vorbau erstreckt sich über die ganze Breite des Langhauses und öffnet sich zum Mittelschiff durch einen großen Bogen mit Tympanon, durch zwei kleinere Bögen zu den Seitenschiffen. Den drei Portalen entsprechen die drei Kreuzgewölbe darüber. Dieser Vorhallentyp mit reichem Figurenschmuck am Portalgewände dürfte wohl aus Burgund stammen, wo wir ihn beispielsweise in Vézelay antreffen (1132 voll.), und wo ihm auch die heute zerstörte Vorhalle der Abteikirche von Cluny (1130 eingeweiht) entsprach. Hier wurde er, von einem spanischen Meister umgeformt, zu einer der größten Leistungen der spanischen romanischen Plastik.

Im ikonographischen Programm glaubt man Züge aus der Kunst bestimmter französischer Landschaften wiedererkennen zu können, im Stil der Plastik solche aus mehreren der damaligen großen französischen Bildhauerschulen. Darüberhinaus läßt sich der persönliche Stil des Maestro Mateo ziemlich klar bestimmen, ohne daß es aber möglich wäre, ihn als Angehörigen einer anderweitig bekannten Schule festzulegen, und offenbar wird wohl kaum jemals endgültig abgegrenzt werden können, wieweit die französische Plastik auf ihn und wieweit er auf sie eingewirkt hat. Das Rahmenthema des Mittelportals ist die christliche Kirche, das des linken Portals die Kirche der Juden und das des rechten die der Heiden.

Im Tympanon des Mittelportals erblickt man die sitzende Gestalt des Erlösers, der mit erhobenen Händen seine Wundmale vorweist. Er ist von den vier Evangelisten umgeben, die ihre Symbolgestalten vor sich halten. Zu beiden Seiten sind je vier Engel mit den Marterwerkzeugen dargestellt, und über ihnen erscheinen in zwei Zonen zweiundvierzig Selige. Die vierundzwanzig Ältesten bilden den Rahmen des Tympanons. Direkt unter Christus ist auf einer reich skulpierten Mittelsäule der sitzende Jakobus dargestellt. Am linken Gewände erblickt man die Propheten Moses, Jesaias, Daniel und Jeremias, am rechten die Apostel Petrus, Paulus, Jakobus d. Jüngeren und Johannes. Die leichte Polychromierung der Figuren stammt aus dem Jahre 1651.

159 *Langhaus*

Der Grundriß der Kirche zeigt ein lateinisches Kreuz, bei dem Länge und Breite des Querschiffes überraschen. Die Gesamtlänge der Kirche beträgt 93,80 Meter, die Länge des Querschiffes 63 Meter. Das Mittelschiff ist 24 Meter hoch, die Seitenschiffe 7 Meter und die Vierungskuppel 33 Meter.

Durch eng gestellte, mit Säulen abwechselnde Pfeiler ist das Mittelschiff von den Seitenschiffen getrennt. Diese Stützen haben Halbsäulenvorlagen, die die Gurte der Tonnenwölbung des Mittelschiffs, die der Kreuzgewölbe des Seitenschiffs und die Vorlagen der sehr überhöhten Arkaden auffangen. Die Emporen öffnen sich in Doppelarkaden zum Langhaus hin. Anstelle des Coros, der von der Vierung über vier Traveen des Langhauses reichte, wurden im 18. Jh. zwei Orgeln von Manuel Sanz und Gregorio Gonzales eingebaut. Die Vierungskuppel stammt von 1448, wurde aber im 18. Jh. umgebaut und neu dekoriert. An den hohen Festtagen wird hier ein fast zwei Meter hohes Räuchergefäß, der Botafumeiro, aufgehängt. Der heutige Behälter stammt aus dem Jahre 1851, nachdem die Franzosen 1809 das alte Räuchergefäß entwendet hatten. Nach einem urkundlichen Hinweis scheint es möglich, daß eine solche Einrichtung schon im 14. Jh. bestanden hat.

151 ▸

152

153

154

155 ▸

157

160 *Jakobus*

Jakobus erscheint hier vor allen anderen Aposteln, Propheten und Heiligen hervorgehoben und sitzt thronend vor dem Mittelpfeiler, einer Stelle, die meist der Madonna vorbehalten ist. Seine Haltung und sogar sein Gesichtstyp sind offenbar mit voller Absicht dem sonst für die Gestalt Christi üblichen Darstellungstyp angenähert. Zum erstenmal trägt er einen Pilgerstab, – der hier wie ein Bischofsstab wirkt; als Zeichen seiner Evangelistentätigkeit hält er in der anderen Hand eine Buchrolle. In der Kathedrale wird noch heute der Stab des Jakobus gezeigt, seit dem 12. oder 13. Jh. zum Schutz vor den Pilgern in eine Metallsäule vor dem Hochaltar eingeschlossen.

161 *Winnenden, Reliefs am Hochaltar der Schloßkirche*

(Vgl. dazu auch die Erläuterungen zu den Bildern 116, 117.) Die Reliefs schildern Episoden aus dem Leben und der Legende des Apostels; dem Künstler dürfte auch hier eine bilderreiche Holzschnittfolge vorgelegen haben, aus der er vier charakteristische Szenen auswählte:

Jakobus verkündet das Evangelium an drei Personen; die Legende berichtet, daß er in Spanien zu seinen Lebzeiten nur drei Anhänger gewinnen konnte.

Jakobus befiehlt Hermogenes, die Zauberbücher zu verbrennen. Die phantastische Geschichte zwischen dem Apostel und dem Zauberer, von der wir durch Pseudo-Abdias und die Legenda Aurea Kunde haben, wurde im 13. Jh. sehr beliebt und ist häufig dargestellt worden. Es folgt:

Die Hinrichtung des Apostels, der nach der Überlieferung unter Herodes Agrippa im Jahre 42 oder 44 den Märtyrertod fand.

Seine Jünger legen den Leichnam in ein Schiff, das dann ein Engel an die Küste Spaniens gesteuert haben soll.

162 *Santiago, Kathedrale, Mittelsäule des Hauptportals*

Die Jakobusstatue erhebt sich auf einer Säule aus grauem Marmor, deren Mantel durch Reliefs ganz aufgelöst ist. Dargestellt ist die Wurzel Jesse. Auf dem Kapitell erkennt man die Dreifaltigkeit, darunter erscheint inmitten von Rankenwerk die Verkündigung. In Handhöhe, unter der Darstellung des Königs David, bemerkt man fünf tiefe Löcher. In sie legt der Pilger seine gespreizte rechte Hand, und die Fremdenführer erzählen heute wie wohl auch schon im Mittelalter, daß diese Löcher von der Hand Christi stammen würden und entstanden wären, als dieser die Kirche aus ihrer Orientierung drehte (der Chor der Kirche ist nicht genau nach Osten, sondern etwas mehr nördlich gerichtet).

163 *Gewändesockel*

Unter den Säulensockeln des Hauptportals erblickt man Phantasietiere, die möglicherweise die Tugenden und Laster darstellen sollen; hier die zähnefletschenden Laster der rechten Portalseite.

164 *Capilla de la Corticela*

Von der Ostseite des nördlichen Querschiffes führt ein Gang zum Westportal der Capilla de la Corticela. Die heutige Kirche stammt aus dem 12. Jh., aber an der Stelle dieser Kapelle stand schon im 9. Jh. die Kirche eines Benediktinerklosters, die nicht viel später als die erste Jakobuskirche gebaut worden sein dürfte. Auf dem Tympanon ist die thronende Maria dargestellt, rechts davon Joseph; links kniet einer der drei Könige, während die beiden anderen am Fuß der inneren Archivolte stehen. Das Fehlen eines Architravs, die eigenartige Anordnung der Figuren und die in die Archivolte hineinragende Gestalt Josephs lassen vermuten, daß Tympanon und Archivolten nicht zusammen geplant worden sind oder spätere Änderungen stattgefunden haben. Diese Kapelle war im Mittelalter die Pfarrkirche der Fremden, hier konnten sie in ihrer Landessprache beichten, hier empfingen sie die Kommunion und die „autentica“, d. h. die Bescheinigung, daß sie die Wallfahrtsbedingungen erfüllt hatten. Später werden diese Handlungen in die Capilla del Rey de Francia verlegt. Diese Mittelkapelle des Chorumgangs war ursprünglich dem Erlöser geweiht gewesen, aber nachdem Ludwig XI. von Frankreich ihr im Jahre 1447 eine Rente gestiftet hatte, nahm sie ihren heutigen Namen an.

165 *Puerta de las Platerías*

166 *König David*

Heute betritt man die Kathedrale meist durch das Südportal, die puerta de las platerías. Dieses „Tor der Goldschmiede" hat seinen Namen nach den Gold- und Silberwarengeschäften, die den Platz umsäumen, und in denen sich der Besucher Silbermuscheln in allen Größen und für vielerlei Zwecke kaufen kann. Im Mittelalter war das Nordportal das bedeutendere, denn die Straße, die von Westen her durch die Porta Francígena in die Stadt führte, mündete an der Nordseite der Kirche. Hier fanden die Pilger einen großen Platz mit einem Brunnen vor, der als einer der prunkvollsten der damaligen Zeit galt. Aus dem Brunnenbecken erhob sich eine bronzene Mittelsäule, die von vier Löwen umgeben war. Auf dem Platz wurde in den Hauptwallfahrtszeiten, zu Ostern und am Michaelstag, der Jakobusmarkt abgehalten, aber auch zu den anderen Zeiten konnten die Pilger hier einkaufen. Da gab es Pilgerflaschen, Gürtel, Riemen, lederne Brotbeutel, Schuhe, medizinische Kräuter, Tinkturen, und nicht zu vergessen, die Jakobusmuscheln von der nahegelegenen Atlantikküste, die man sich etwa seit Beginn des 13. Jhs. an Brotbeutel und Hut befestigte. Daran erkannte jeder den Santiagopilger, und die Beraubung oder gar Tötung eines solchen Pilgers war eine so große Sünde, daß der Träger in gewisser Hinsicht durch die Muschel unverletzlich wurde. An dem Platz lagen ferner das alte Pilgerhospital, das schon 1125 erwähnt wird, die Pfarrkirche der Fremden, das Kloster San Pelayo. Durch ein Atrium gelangte man zum Nordportal. Leider sind Platz wie Portal im 18. Jh. völlig umgebaut worden; einen Teil der romanischen Figuren mauerte man in das heutige Südportal ein, das aber dadurch auch sein ursprüngliches Aussehen verloren hat.

Das Südportal wird schon von französischen Besuchern zwischen 1137 und 1143 erwähnt, und der Pilgerführer des 12. Jhs. gibt sowohl vom Süd- wie vom Nordportal eine genaue Beschreibung, so daß wir wissen, wo welche Plastik jeweils angebracht war. Über dem südlichen Doppelportal befand sich ein Fries von lebensgroßen Figuren, der den segnenden Christus inmitten der Apostel zeigte. Die Figur des Jakobus, die heute noch links neben Christus zu sehen ist, ist ein wichtiger Anhalt für die Datierung und Einordnung der Plastik geworden. Denn dieser Jakobus, der zwischen zwei Baumstämmen dargestellt ist – der „Führer" nennt sie Zypressen –, erscheint in so ähnlicher Art an der Porte Miègeville von St.-Sernin in Toulouse, daß man annehmen darf, daß beide Künstler aus derselben Bildhauerschule stammen. Da die Porte Miègeville 1118 vollendet war, dürfte die Jakobusfigur vom Südportal in Santiago zeitlich nicht weit entfernt davon sein. Am linken Gewände des Doppelportals ist weiter ein Relief eingelassen, das den *König David* mit der Harfe zeigt; auf der Säule daneben erscheinen in Muschelarchivolten die Apostel. Auch diese Werke sind nach der Art ihrer Darstellung Künstlern aus der Tolosaner Schule zuzuschreiben, wobei die Gestalten der Apostel durch ihre starre Haltung und die flacher gearbeiteten Falten altertümlicher wirken als die des Königs David, der mit überkreuzten Beinen und flatterndem Mantel dargestellt ist; hier ist das Relief tiefer und differenzierter gearbeitet. Zwischen diesen Plastiken möchte man einen Generationsunterschied annehmen, was innerhalb einer Bauhütte gut möglich wäre. Freilich könnte dieser Unterschied, der sich auch an den anderen Plastiken des Portals findet, auch mit der Wiederherstellung nach dem Brand von 1117 in Verbindung stehen.

Der Platz vor dem Südportal wird links von der Mauer des östlichen Kreuzgangflügels begrenzt. Der Kreuzgang wurde 1521–46 unter Erzbischof Fonseca im plateresken Stil erbaut. Rechts erhebt sich der 72 Meter hohe Glockenturm, 1316 begonnen und 1618 von Domingo Andrado vollendet; seit 1729 hängt in ihm eine der größten Glocken der Welt mit einem Durchmesser von zweieinhalb Metern, deren Ton zwanzig Kilometer weit zu hören ist.

160

161

162

163

16

16

I

HOTEL

167 *Puerta Santa*

Das 17. und 18. Jh. hat auch die Ostseite der Kathedrale zu einer großen Schaufassade umgestaltet. Der Chor mit seinen vier halbkreisförmigen Apsidiolen und der zentralen Capilla del Rey de Francia, sowie die Capilla de la Corticela wurden von einer hohen Mauer mit Balustradenabschluß umzogen. Die alte Heilige Pforte, deren Eingang unmittelbar südlich neben der Capilla del Rey de Francia lag, wurde vorgezogen und neu gestaltet. Die Archivoltenfiguren des ursprünglichen Rundbogenportals blieben erhalten, wurden aber in rechteckigen Umrahmungen übereinandergestellt; da sie auf einen Bogen bezogen waren und von unten gesehen sein wollen, ist die Aufstellung der Barockzeit nicht günstig. Die Figuren stellen die 24 Ältesten der Apokalypse dar, sind aus Granit gearbeitet, und, nach ihrer Bewegtheit und feinen Modellierung zu schließen, dürften auch sie aus einer Bildhauerwerkstatt des 12. Jhs. stammen, die enge Verbindung mit der Schule der Languedoc besaß. Pedro del Campo arbeitete 1694 die bekrönenden Figuren des hl. Jakobus und seiner Schüler Theodosius und Athanasius im Gewande der Santiagopilger. Links neben der Heiligen Pforte, die nur in den Jubiläumsjahren geöffnet wird, befindet sich die Puerta Real von 1666.

168 *Convento de San Pelayo Mártir*

Die Plaza de los Literarios wird an der Westseite von der Choranlage der Kathedrale begrenzt, an der Ostseite von dem Kloster San Pelayo (oder Payo) Mártir. Dieses Kloster zählt mit dem von San Martín Pinario zu den ältesten Klostergründungen der Stadt, es wird schon im 9. Jh. erwähnt und war ursprünglich dem hl. Petrus geweiht. An dem heutigen Stadtplan kann man noch erkennen, daß es innerhalb der ersten Stadtmauer lag, die vermutlich unter Alfonso II. (791–842) errichtet wurde. Den heutigen Namen nahm das Kloster erst gegen 1152 an. Kloster und Kirche wurden im 18. Jh. neu gebaut.
Bis 1930 gab es hier noch drei romanisch skulpierte Säulen (jetzt im Archäologischen Nationalmuseum in Madrid bzw. im Fogg Art Museum in Cambridge/Mass.), die dem Stil nach etwa um 1130 gearbeitet worden sind. Da nach einer Nachricht einmal der Hochaltar der Kathedrale nach San Payo überführt worden ist, und da andererseits bekannt ist, daß der Bischof Gelmírez etwa um 1135 den Altar der Kathedrale erneuern ließ, hätte man gern diese Säulen damit in Verbindung gebracht. Ein urkundlicher Nachweis über ihren früheren Ort und Zweck ist aber noch nicht erbracht worden.

169 *Straße in Santiago*

Der Stadtplan von Santiago hat eine ovale Form; etwa in der Mitte befinden sich Kathedrale und Convento San Pelayo. Es fällt auf, daß die meisten Straßen in Nord-Süd-Richtung angelegt sind, und daß nur eine einzige Ost-West-Verbindung besteht: Die Calle de Casas Reales. Dies ist die alte Via Francígena, die von der Porta Francígena zum Nordportal der Kathedrale führte. Durch diese Straße zogen die Pilger in die Stadt ein, an ihr befanden sich Hospize und Gasthöfe, hier hatten die Geldwechsler und Händler ihre Geschäfte. Während die Stadtmauer des 9. Jhs. nur ein sehr kleines Gebiet umfaßte, ist die heutige Stadt über die wesentlich größere Fläche innerhalb der noch teilweise erhaltenen Maueranlage des 11. Jhs. nur wenig hinausgewachsen. Um die Mitte des 12. Jhs. werden außer der Kathedrale zehn Kirchen und sieben Stadttore erwähnt. Ein Besucher des 16. Jhs. berichtet dazu von 12 Kirchen und Klöstern, die außerhalb der Stadt lagen.
Das 17. und 18. Jh. hat nicht nur die Kathedrale, sondern auch das Bild der Stadt völlig verändert. Von einem Teil der mittelalterlichen Kirchen kennt man nur noch die Namen, und die bedeutendsten wurden damals verändert oder ganz neu erbaut. Im Straßenbild fallen die Arkaden und die verglasten Galerien auf, beide zum Schutz gegen Wind und Regen angelegt. Das Straßenpflaster besteht – in starkem Gegensatz zu dem in den anderen Städten Nordspaniens – schon seit alter Zeit aus großen Steinplatten, ein Beweis für den Reichtum und den internationalen Charakter der Stadt.

170

170 *Portal des Hospital Real*

Der katholische König Don Fernando und die Königin Doña Isabel beschlossen im Jahre 1489 den Bau eines großen Hospitals, das ursprünglich dem Kloster San Martín Pinario angeschlossen werden sollte. Im Jahre 1501 begann Enrique Egas den Bau an der Nordseite der Plaza de España, und 1509 war es soweit, daß Pilger aufgenommen werden konnten; allerdings war man 1556 noch mit dem Innenausbau beschäftigt. Die Fassade wurde 1678 erneuert, im 18. Jh. zwei Höfe umgebaut und die Eingangshalle und der königliche Salon mit Fresken ausgeschmückt. Heute ist in dem Hospital der prunkvolle staatliche Parador, das „Hostal de los Reyes Catolicos" eingerichtet, in dem vor allem die wohlhabenden Pilger aus Südamerika Unterkunft finden. Das Hospital hat einen fast quadratischen Grundriß, der durch vier gleich große Höfe kreuzförmig aufgeteilt ist. Im Mittelpunkt befindet sich die ehemalige Hospitalkapelle. Die vorderen Höfe sind im plateresken Stil erbaut, die hinteren stammen aus der Barockzeit. Das prunkvolle *Portal* an der sonst schlichten Fassade wurde noch von Enrique Egas errichtet. Ein rundbogiger Eingang wird von zahlreichen Figuren in Muschelnischen zwischen Pilastern eingerahmt. Über dem Portalbogen erscheinen in Medaillons die Stifter, dann sieht man in friesartiger Aufreihung die Apostel, darüber Petrus, Jakobus, Christus, Maria, Johannes Ev. und Paulus. An den Seiten sind weitere Heilige dargestellt, darunter Johannes Bapt., Katherina und Barbara; noch weiter unten Adam und Eva. Die Pilaster und Archivolten sind über und über mit Grotesken verziert. Das Hospital Real bildet den nördlichen Abschluß der großen Plaza de España. An der Westseite erhebt sich der Palacio Rajoy, das heutige Rathaus. Die strenge Barockfassade mit ihrer Kolossalordnung wurde 1766–1772 für Erzbischof Bartolomé Rajoy erbaut. Der Mittelgiebel ist mit einem Relief, das die Schlacht von Clavijo (844) darstellt, verziert und von einer Reiterfigur des hl. Jakobus bekrönt. An der Südseite des Platzes erhebt sich das Colegio San Jerónimo, in dem sich heute eine Normalschule befindet. Das rundbogige Statuenportal stammt aus dem späten 15. Jh., verwendet aber Stilformen des 12. Jhs. Die Ostseite des Platzes ist von der Fassade der Kathedrale beherrscht. Links davon ist noch der erzbischöfliche Palast des 18. Jhs. zu nennen; in ihm sind ältere Teile erhalten, die den Rest des Palastes des Erzbischofs Gelmirez (1120–1149) darstellen.

Die Wege der Jakobuspilger in Europa östlich von Frankreich

(Kartenskizze S. 271)

Niemand wird es den Franzosen übelnehmen, wenn sie die Pilgerfahrt zum Grabe des Heiligen Jakobus als eine im wesentlichen französische Angelegenheit ansehen, denn nirgends ist die Idee lebendiger gewesen als dort, sie stellten zweifellos den größten Anteil der in Santiago ankommenden Pilger, und nirgends hat man sich bis in die heutige Zeit der Erforschung aller Details der historischen Wallfahrt mit solcher Mühe und Begeisterung hingegeben. Der Bericht des Franzosen Aiméry Picaud, ausführlich und genau, dabei gelegentlich erfrischend unsachlich, ist die Basis aller Forschung; kein Land sonst, nicht einmal Spanien, hat das Glück, ein solches Dokument, von einem Landeskind verfaßt, zu besitzen. Es gibt nicht nur wissenschaftlich durchgeführte Geschichtsforschung, auch meditative, lyrische, künstlerische Behandlungen des Themas, Untersuchungen über die politischen, medizinischen, soziologischen, juristischen Aspekte; vielleicht ist der psychologische noch ein wenig zu kurz gekommen. Jedenfalls: die „Goldene Muschel" wird immer in Frankreich bleiben.

Den zweiten Platz unter den Santiagopilgern haben aber die aus den östlich von Frankreich gelegenen Ländern zu beanspruchen, denn sie haben aus der Idee eine europäische gemacht, sie mußten sehr viel längere Wege und größere Schwierigkeiten bewältigen. Die größte Gruppe unter ihnen waren die Deutschen, deren Heimat allerdings in manchen Zeiten nur als sprachliche Einheit gelten kann. Von ihnen gibt es auch einige Berichte aus mittelalterlicher Zeit.

Bei der Frage, ob es auch in Deutschland Routen gegeben hat, die man als Pilgerstraßen bezeichnen kann, stößt man auf mehrere Schwierigkeiten: Es fehlt nicht nur ein deutscher Aiméry Picaud, es gibt auch keinen deutlichen Hinweis, daß die deutschen Santiagofahrer zum Besuch bestimmter Kirchen verpflichtet waren, bevor sie Frankreich erreichten. Dazu kommt die natürliche Verästelung und Unschärfe im Einzugsgebiet, von den wechselnden politischen Hindernissen nicht zu reden. Bei der Suche nach Unterlagen und Überlieferungen ist ein weiteres Hemmnis der Wechsel des Patroziniums zahlreicher Jakobuskirchen, besonders im 17. Jh., als Reaktionen und Widersprüche laut waren und die allzu einfache Vorstellung, durch eine Wallfahrt könne man sich aller Verantwortung entledigen, verspottet wurde (bekannt, aber nicht bewußt ist vielen, warum Shakespeares Maure Othello der Gute, und der ihn indirekt tötende Jago der Böse ist). Dasselbe gilt für die Spitäler, die heute sowieso Seltenheiten sind.

Umsomehr ist auch ein noch ungenaues Bild interessant, das beim Sammeln örtlicher Urkunden und der Durchsicht von Denkmalbeständen über die Pilgerzüge in Deutschland entsteht. Dabei sind die nach Südwesten führenden Teile der schon anderweitig bekannten Handelsstraßen zugrundezulegen (manche davon, wie etwa die über die Schweiz in Richtung Spanien, führen noch heute die den Südwesten suchenden Touristenströme). Einige Abweichungen, ein sonst nicht sehr bedeutender Übergang über den Schwarzwald, Strecken in Oberbayern und in der Schweiz, können noch nicht als echte Pilgerstraßen angesprochen werden. Auch die „normalen" Jakobuskirchen, die nicht ausdrücklich als Pilgerstationen erkennbar sind, bieten keinen Anhalt, denn sie sind über das ganze Land mehr oder weniger gleichmäßig verstreut, etwa wie eine bestimmte Blumensorte auf einer Wiese; in Österreich besonders dicht, aber auch an der Küste im Norden. Einen schon direkteren Bezug haben die Jakobuskapellen, da sie oft nach einer Pilgerfahrt oder als Ablösung dafür von Privatpersonen gestiftet wurden. Ihre größte Dichte scheint in Südtirol zu liegen. Die Mittelgebirge wurden offenbar ebenso umgangen wie von den Handelsleuten, – von dem einen Übergang über den Schwarzwald bei Horb vielleicht abgesehen. Dem heutigen Menschen, für den sie Erholungsgebiete und Zentren des Tourismus sind, fällt es schwer, sich die Furcht des mittelalterlichen Wanderers vor dem Verirren vorzustellen, und es gab wirklich wilde Tiere und Räuber. Auch die großen Flüsse, besonders der Niederrhein, stellten große Hindernisse dar; das Übersetzen war nur an wenigen Stellen möglich, kostete Geld, und bei Hochwasser mußte man warten. Sicher hat manchen der Mut verlassen, bevor er überhaupt nach Frankreich gekommen war.

Eine noch nicht genügend erklärte Erscheinung ist die Häufung des Namens des Heiligen an der Grenze der Schweiz nach Italien. An den Gebirgsübergängen gibt es Jakobuskirchen und Kapellen, auch an solchen Pässen, die schon seit langer Zeit nicht mehr begangen werden, und das große Tal, das vom Splügenpaß nach Süden führt, ist das Valle San Giacomo; alles also Wege nach Rom, nicht eigentlich nach Santiago. Die Erklärungen, daß man durch die Tiefebene und über den Mont-Cenis-Paß nach Frankreich kommen konnte, oder daß man von Genua bzw. nach einem Rombesuch nach Barcelona fahren konnte, um von dort die Straße durch Aragon zu nehmen, scheinen nicht auszureichen. Vielleicht spielt die alte Maurenfurcht eine Rolle, die die Europäer beim Eindringen der Araber nach Frankreich ergriffen hatte: Jakobus sollte die Grenze beschützen. Wahrscheinlicher noch ist es, daß er im Laufe der Zeit als der Schutzheilige aller Pilger schlechthin angesehen wurde, denn von Petrus wurde dieses Amt nie übernommen.

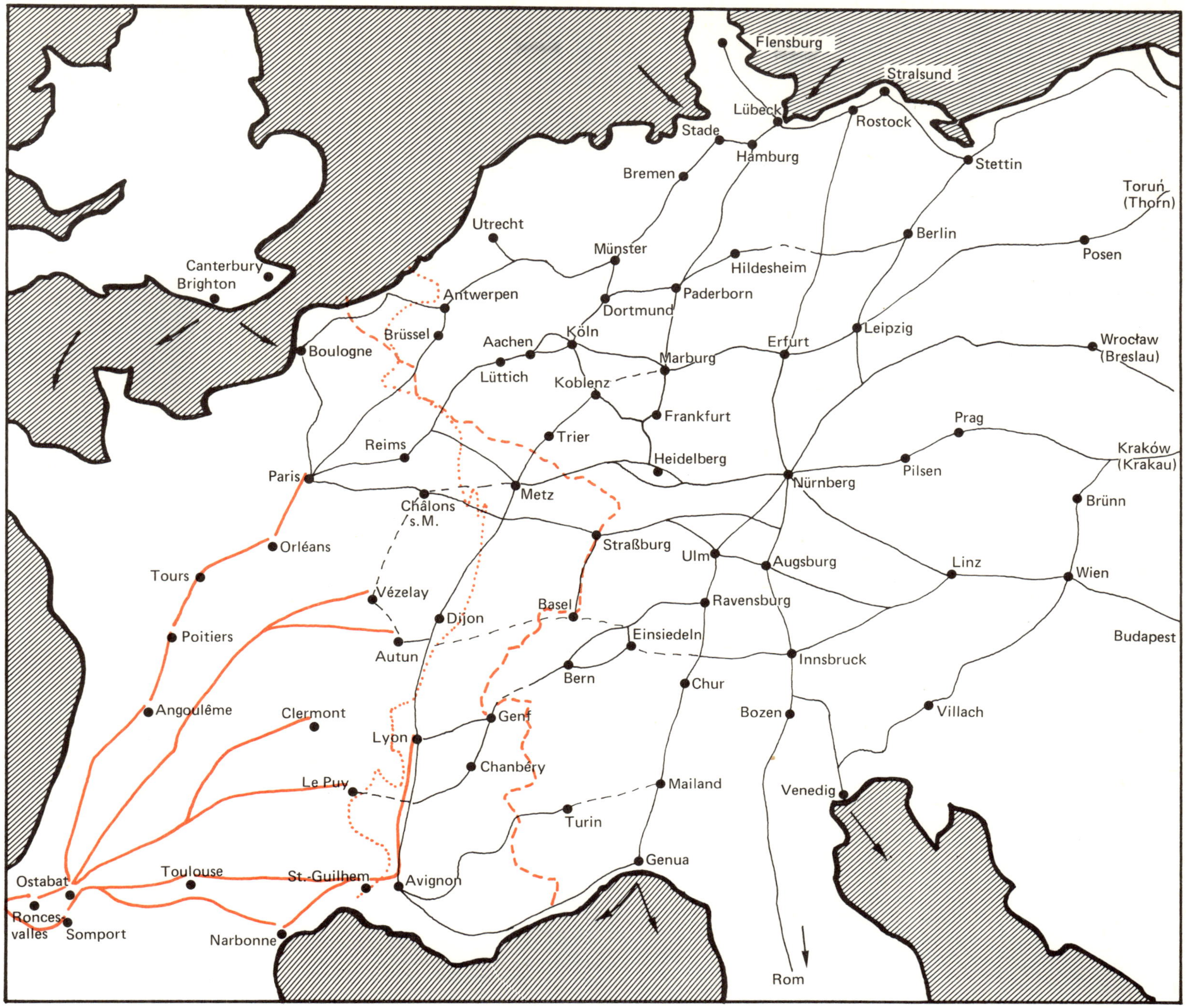

europäische Straßen
die französischen Pilgerstraßen
Westgrenze Frankreichs im Mittelalter
heutige Westgrenze Frankreichs

Die europäischen Straßen östlich von Frankreich

Straßen des Verkehrs und Handels im späten Mittelalter, auf denen die Jakobspilger wahrscheinlich, auf vielen Strecken auch nachweisbar, nach Südwesten zogen. (Auch die Südstraße nach Rom gehört dazu, da viele die Romwallfahrt mit der nach Santiago verbanden, also zu Schiff von Rom nach Barcelona fuhren.) In Frankreich erreichten sie dann die traditionellen Routen.

Die Straßen der Jakobuspilger in Deutschland

(Kartenskizze S. 273)

Im Osten bildet das Gebiet der Ostkirche, die ihre eigenen Wallfahrten hat, die Grenze. Am deutlichsten zeichnet sich die nördliche, die Niederstraße ,ab, während die anderen, je weiter südlich, umso verzweigter und ungenauer faßbar verlaufen. Die Nordstraße folgt der Ostseeküste und führt über Hamburg und Bremen nach Köln, die zweite kommt ebenfalls von der Ostsee, verläuft aber über Stettin, Berlin und Hannover bzw. Hildesheim, um sich bei Dortmund mit der ersten zu vereinen. Eine dritte, als deren Ausgangspunkt man Torun (Thorn) mit seiner großen Jakobuskirche ansehen kann, berührt Leipzig und die Städte nördlich des Thüringer Waldes und erreicht über Marburg ebenfalls Köln, von wo alle drei zusammen nach Aachen führen und damit über Lüttich Anschluß an das französische System finden. Die Städte Frankfurt und Trier, beide mit großer Jakobustradition, liegen südlich dieser dreifachen Nordstraße, müssen aber eher mit ihr als mit der süddeutschen Straßengruppe verbunden gedacht werden.

Die nördlich der Bergketten der Sudeten und des Riesengebirges verlaufende Route ist eine der ältesten Handelsstraßen Europas. Wer sie in Richtung Santiago benutzt hat, ist wahrscheinlich nicht nach Westen, nach Paris, sondern nach Südwesten weitergegangen und hat Nürnberg erreicht, das Handelszentrum des späten Mittelalters. Hier traf auch die Straße von Prag ein, als deren Ausgangspunkt Krakau anzusehen ist. Von Nürnberg aus ist eine vielbenutzte Straße nach Ulm und von dort weiter nach Süden bzw. Südwesten bekannt. Ob die etwas weiter westlich liegenden Städte Bamberg und Rothenburg, beide mit Jakobustradition, ihre Pilger auf die Ulmer Straße entsandt haben, ist nicht bekannt; bei der Häufung von Jakobuskirchen in der Mitte Württembergs kann man auch an eine westliche Parallelstraße denken, die über Cannstatt–Tübingen–Horb nach Freiburg bzw. von Tübingen über Hechingen–Pfullendorf nach Überlingen führte. Vom westlichen Ende des Bodensees, also von Konstanz aus, werden die meisten Pilger über Einsiedeln, Fribourg und Genf auf die Routen im südlichen Frankreich gestoßen sein.

Die Häufung von Jakobustraditionen, Erinnerungsbildern und Patrozinien in Bayern läßt es hier kaum sinnvoll erscheinen, nach bestimmten Straßen zu suchen; wahrscheinlich zogen viele Pilger nördlich der Alpen durch Oberbayern nach Westen. Eindeutig ist nur die Brennerstraße über Hall und Innsbruck, die schon seit ältester Zeit Verkehrsweg war. Daß sie nicht nur von Rom-, sondern auch von Santiagopilgern benutzt wurde, steht außer Zweifel und wurde schon erwähnt.

Einen eindeutigen Verlauf nimmt auch die letzte Straße, die von Wien bzw. von Brünn über den Semmering nach Kärnten führt. Von den Pässen über die Karawanken aus gibt es dann allerdings mehrere Möglichkeiten, eine Santiagoreise fortzusetzen: die Adriahäfen, der Landweg nach Rom, Genua oder durch die Poebene zu den Übergängen der Westalpen. Hier müßten italienische Untersuchungen abgewartet werden.

Die Aufzählung von Orten mit Pilgertradition auf einer Kartenskizze kann natürlich immer nur ein Zwischenergebnis darstellen. Auch die Einteilung in Orte mit erkennbarer Pilgertradition und Jakobuskirchen ohne solche Erinnerungen ist oft ungenau und würde sich nach der Durchsicht aller Kirchenarchive, soweit sie erhalten sind, zweifellos noch sehr ändern. Daß sich die hier angedeuteten Hauptrouten wesentlich verlagern würden, ist dagegen nicht anzunehmen.

Das Erforschen der Geschichte der Jakobuswallfahrt in Deutschland wird vielleicht von so vielen Freunden dieses Themas aufgenommen, daß einmal reichhaltige und deutliche Ergebnisse zu erwarten sind.

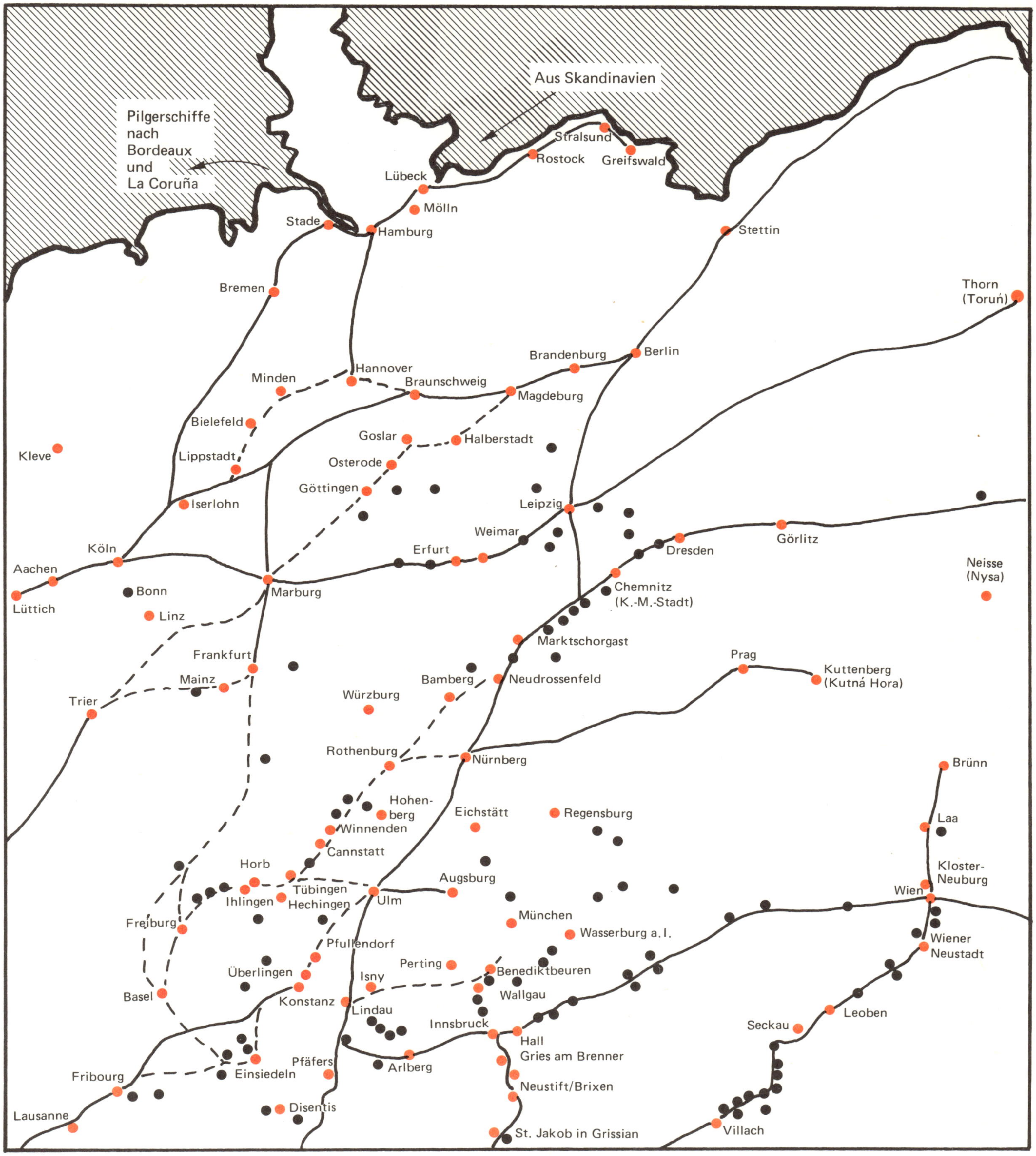

● Orte mit besonderer Jakobus-Tradition oder einzelnen Hinweisen auf die Wallfahrt

● Jakobus-Kirchen, die zwar keine direkte Erinnerung an die Wallfahrt besitzen, aber an den Routen liegen oder einen Verbindungsweg vermuten lassen.
(Die sonstigen, über das ganze Land verstreuten Jakobus-Kirchen sind hier nicht berücksichtigt)

——— Straßen, die als Handelswege bekannt sind und sicher bzw. wahrscheinlich von den Jakobus-Pilgern benutzt wurden

– – – – einige Verbindungsstrecken, die wahrscheinlich von den Pilgern benutzt wurden.

Straßen der Jakobus-Pilger durch Deutschland

Bibliographie

Die schon früher umfangreiche Literatur ist in den letzten Jahren besonders durch Detailforschung, etwa genaue Untersuchungen von Teilstrecken der Pilgerwege, bereichert worden, naturgemäß in erster Linie in Frankreich. Es gibt auch Studien aus juristischer und medizinischer Sicht, z.B. in Bezug auf die Hospitäler, und soziologische Betrachtungen.
Um die verwirrend ausführlichen Bibliographien nicht um eine weitere zu vermehren, wird hier eine Auswahl angegeben. Wer Forschung treiben will, wird sich mit dem Centre d'Etudes Compostellanes in Paris in Verbindung setzen müssen, das die vollständigste Jakobus-Bibliothek und Bibliographien besitzt.

In der Folge der Erscheinungsjahre:

Legenda aurea des Jacobus de Voragine, um 1270; deutsche Übers. 1917 Diederichs, Jena, und andere.

Groote, von E.: Die Pilgerfahrt des Ritters Arnold von Harff von Köln, Köln 1860

Künig, Hermann K. von Vach: Die Walfarth und Strass zu Sankt Jacob, Straßburg 1495; Neudruck 1892; unter dem Titel „Sant Jacobs strass" bei Haebler, Das Wallfahrtsbuch

Porter, Kingsley: Romanesque sculpture of the pilgrimage roads, Boston 1923 (erste große kunsthistorische Betrachtung)

Vielliard, Jeanne: Le guide du pèlerin de Saint-Jacques de Compostelle, Protat, Mâcon 1938 (6. Aufl. Klincksieck, Paris 1969), franz. Übersetzung des „Codex Calixtinus"

Vázquez de Parga, Luis, Lacarra, José Maria, Uría Ríu, Juan: Las peregrinaciones a Santiago de Compostela, 3 Bde., Madrid 1949 (ausführlichstes und grundlegendes Werk)

Secret, Jean: Saint Jacques et les Chemins de Compostelle, Paris, Horizons de France, 1955

Hüffer, Hermann J.: Entwicklung und Bedeutung des Jacobuskultes in Spanien und dem Römisch-Deutschen Reich, Oldenbourg, München, 1957

Starkie, Walter: The Road to Santiago, E. P. Dutton & Co., New York, 1957

Lambert, Élie: Le Pèlerinage de Compostelle, Privat-Didier, Paris-Toulouse, 1957/58

Kempe, Richard: Jakobsland, Oldenbourg, München 1958

Guerra Campos, José: Excavaciones en la catedral de Santiago in: La Ciencia tómista, Nr. 273–274 (vgl. auch Nr. 279), Salamanca, 1960

Kirschbaum, S. J., Engelbert: Die Grabungen unter der Kathedrale von Santiago de Compostela, in: Römische Quartalschrift 1961, Bd. 56, Heft 3/4

Durliat, Marcel: Hispania Romanica, Schroll, Wien und München, 1962

Bottineau, Y.: Les chemins de Saint-Jacques, Arthaud, Paris-Grenoble, 1964

Coste-Messelière, René de la: Pèlerins et chemins de Saint-Jacques en France et en Europe, du Xe siècle à nos jours, Katalog der Jakobus-Ausstellung in Paris, Paris, 1965

ders.: Avec les hospitaliers et les pèlerins sur les chemins de Saint-Jacques, Katalog der Ausstellung: Hôpitaux et confrèries de pèlerins de Saint-Jacques, in der Zeitschr. „Compostelle", Cadillac-Bordeaux, Nr. 24, 1967

Domke, Helmut: Spaniens Norden, Der Weg nach Santiago, Prestel, München, 1967

Burgman, H.: Dagboek van een Pilgrim, verslag van een Voetreis naar het graaf van Jacobus te Compostela, Roosendaal, Suykerbruyk, 1969

Nesmy, J.-Dom Claude: Les chemins de Saint-Jacques, Zodiaque, La-Pierre-qui-vire, 1970

Bennassar, B.: Saint-Jacques-de-Compostelle, Julliard, Paris, 1971

Camino de Santiago, Sammelband des spanischen Sparkassenverbandes, Seix y Barral, Barcelona, 1971

Bourdon, A.: A pied des Alpes à Saint-Jacques de Compostelle, Impr. Univers. Nizza, 1971

Goicoechea Arrondo, Eusebio: Rutas Jacobeas, Everest, León, 1971 (von dem spanischen Verein der Freunde des Jakobsweges, Estella); franz.: Le chemin de Saint Jacques, León, 1971

La Orden Miracle, E.: Santiago en España, Europa y America, Madrid, M.I.T., 1971

Bernes, G.: Le Chemin de Saint-Jacques en Espagne, le guide du pèlerin, C.G.E.C., Auch, 1973

Mullins, E.: The pilgrimage to Santiago, Martin & Secker and Warburg, London, 1974

Gruber, R.: Tagebuch eines Pilgers nach Santiago de Compostela, Wimmer, Linz, 1976

Barret, Pierre und Gurgand, Jean-Noël, Priez pour nous à Compostelle (mit Bibliogr.), Hachette Paris, 1978

Dazu weisen wir noch auf einen Bildband hin, der auf den ersten Blick nur wenig mit Pilgern zu tun hat, aber großartige Einblicke in die uns so wenig bekannte religiöse und geistige Situation in Spanien in der Entstehungszeit des Jakobuskultes bietet und damit das eigentlich wesentliche berührt:

Henri Stierlin: Le Livre de Feu – l'Apocalypse et l'art mozarabe, Sigma Genf 1978; deutsch: Die Visionen der Apokalypse, Atlantis, 1978

Tabelle der Bilder mit den zugehörigen Texten

Schwarz: Bildnummern
Rot: Seiten der Texte
Kursiv: Farbbilder

TYPVS
HISPANIÆ
ab Hesselo Gerardo delineata
et juxta annotationes Doctiss. D.ni Don Andreæ
d'Almada S. Theologiæ Publici Professoris
apud Conimbricenses emendatus
M.DC.XXXI
OCEANVS CANTABRICVS